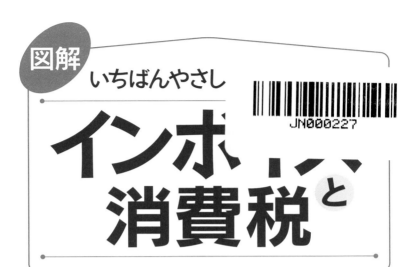

図解

いちばんやさし

JN000227

インボ と
消費税

成美堂出版

　令和5年10月からインボイス制度が始まります。国などはさまざまなアナウンスを行っていますが、すでに対応をすませた事業者もいれば、個人事業者を中心に態度を決めかねている事業者も多いようです。

　とはいえ、インボイス制度がどんな制度なのか、十分理解している人は少ない気がしています。消費税の複数税率の区別を明確にするしくみという趣旨は一見シンプルですが、その理解には消費税について基本的な用語を含めて、まずよく知る必要があります。実は事業者にとって、消費税はなかなかやっかいな税金だからです。また、インボイス制度による変化は、請求書などのフォーマットの変更だけにとどまりません。取引先との関係性や経理業務の煩雑化、消費税の納付など、その影響は広範囲に及び、制度開始後も続きます。しかし、面倒だからと避けて通ることも難しそうです。

　本書は、主に消費税の免税事業者である個人の方がインボイスの登録をするにあたり、制度の基本的な内容とその理解に欠かせない消費税の入門的な知識を解説したものです。図解やイラストを多用し、専門用語などは極力排して、できるだけ平易な解説を心がけました。本書が1人でも多くの事業者にお役に立てれば、こんなにうれしいことはありません。

令和5年7月吉日

税理士　吉田信康

巻頭特集

パート 1

－インボイス理解の第一歩－
事業者の消費税基本知識

パート2 これならわかる インボイス制度のしくみと実践

パート 3 課税事業者／免税事業者の メリットとデメリット

パート 4 はじめての消費税申告は ここをチェック

パート 5 インボイス制度の 登録手続きのコツとポイント

本書の内容は、令和５年７月現在の法令等に基づくものです。
ご利用の際は必ずご自身で最新の情報をご確認ください。

パート1 －インボイス理解の第一歩－ 事業者の 消費税基本知識

インボイス制度は消費税に関する新しいしくみです。まずは消費税の基本を知っておくことが第一歩です。

パート2 これならわかる インボイス制度 のしくみと実践

インボイス制度の基本と経理の新ルールについて解説します。しっかり対応するための知識を身につけましょう！

パート3 課税事業者／ 免税事業者の メリットとデメリット

インボイスに登録するかどうかは事業者の判断ですが、自分の事業への影響を理解しておくことが重要です。

パート4 はじめての 消費税申告は ここをチェック

課税事業者になると消費税を納めることになります。免税事業者には初めての作業です。申告と納付の流れを解説します。

パート5 インボイス制度の 登録手続きの コツとポイント

インボイス制度に登録するには申請が必要です。登録申請の手順や利用できる特例などを押さえておきましょう。

注・本書は、主に個人事業者を対象としているため、課税期間や各制度の届け出期限などは、原則として個人事業者に対するものにより解説しています。

令和5年の インボイス改正を確認

インボイス制度の導入にあたり、いろいろな経過措置や特例が設けられています。令和5年の税制改正でとられた措置などをまとめました。

免税事業者の納税負担を軽減する 「2割特例」がつくられた

重要

▶126ページ

免税事業者が、インボイス制度を機にインボイス発行事業者として課税事業者になった場合*、一定期間納める消費税額を課税売上の消費税額の一律2割にできる。事前の届け出は不要。

*基準期間の課税売上高が1000万円以下などのインボイス発行事業者（1000万円超などの年は適用を受けられない）。

対象期間

インボイス制度開始から令和8年まで*。

*令和8年9月30日までの日が属する課税期間。

中小事業者の経理負担を軽減する 「少額特例」がつくられた

▶86ページ

基準期間の課税売上高が1億円以下*の事業者は、1件当たり1万円未満の仕入や経費なら、帳簿への一定の記載のみで仕入税額控除を受けられる。

*または、特定期間（前年上半期）の課税売上高5000万円以下。

対象期間

インボイス制度開始から6年間(令和11年9月まで)

少額の値引きなどは
返還インボイスが不要になる

▶86ページ

すべての事業者について、税込み1万円未満の返品や値引き、割戻しなどは、返還インボイス（取引内容の修正のため再発行するインボイス）の発行が不要になる。

対象期間
恒久措置

インボイス制度の登録に関する
ルールが変更された

● 令和5年9月までに登録申請すれば、令和5年10月1日から登録を受けられる。

● 免税事業者が令和5年10月2日以降に登録申請する場合、登録する日を選べる。

● 翌年（翌課税期間）の初日から登録をする／やめる場合、翌年初日から15日前の日までに届け出が必要になった（これまでは30日前）。

インボイス制度のための
補助金が拡充された

▶106ページ

● 免税事業者がインボイス制度に登録した場合、「持続化補助金」の補助上限額が50万円加算される。

● 「IT導入補助金（デジタル化基盤導入類型）」の補助下限額が撤廃された。そのため、安価な会計ソフトなども対象にできるようになった。

対象期間
令和5年

免税事業者や小規模事業者にはありがたい改正が多いね。

1

インボイス制度は消費税の大改正

インボイス制度はどんな制度なのか、なぜ導入されるのか、導入により
どんな影響があるのか、まず基本ポイントを押さえましょう。

ポイント その1 「消費税を正しく納める」ための制度

インボイス制度とは、取引のとき複数税率
（10％と8％）をはっきり区別した「インボ
イス（適格請求書）」をやりとりすることで、
正しく消費税を納めるためのしくみです。
正式には「適格請求書等保存方式」と
いいます。

インボイス制度
について
▶パート2

税理士の
先生

インボイスを発行する
には、税務署に申請し
てインボイス制度に登
録することが
必要です。

インボイス制度
の登録ついて
▶パート5

もう登録しましたが、
今後の変化はまだ
よくわかっていません。

私は登録していません。
できれば今のままで
いたいのですが…

個人事業者Bさん
（インボイス未登録の免税事業者）

個人事業者Aさん
（すでにインボイスの
登録をした課税事業者）

チェック

これまでの請求書などとはここが違う

これがインボイスですね。請求書だけでなく、
領収書なども対象なんですよね。

インボイスの
書式について
▶ **62** ページ

インボイスの例

請求書

令和○年○月○日

株式会社××御中

株式会社○○○
登録番号　T123456789101X

| 請求金額（税込）　¥　　32,800- | | |

月日	品名	金額
6/1	□□□□※	3,000
6/9	□□□□	5,000
合計		30,000

8%対象	10,000　（消費税 800）
10%対象	20,000（消費税 2,000）

※は軽減税率の対象。

必ずインボイ
ス発行事業者
であることを
示す「登録番
号」を記載し
ます。

商品やサービ
スの金額につ
いて、適用税
率と適用税率
ごとの税額を
区別して記載
します。

フォーマット自体は、
これまでの請求書など
と大きく変わるわけで
はなさそうですね…

登録するかどうかは、事
業者自身が決められま
す。また、インボイス制
度は令和5年10月か
ら始まりますが、制度
の開始以降に登録して
もかまいません。

巻頭特集

インボイス制度は消費税の大改正

13

ポイント その2 インボイスでなければ「仕入税額控除」を受けられない！

インボイス制度が始まると
何が変わるんでしょうか。

大きなポイントは、インボイスの
発行や保存が消費税の「仕入税額
控除」の適用条件になることです。

仕入税額控除とは
何ですか？

事業者は、取引で受け取った消費税を
そのまま納めるわけではありません。
受け取った消費税額から支払った消費
税額を差し引いて納めるんです（原則）。
この計算のしくみが仕入税額控除です。

令和5年10月からは、インボイスで
なければ仕入税額控除を受けられませ
ん。多くの事業者に多大な影響があり
ます。インボイス制度が「消費税の大
改正」といわれる理由です。

仕入税額控除
について
▶ **44ページ**

インボイス制度のことを
理解するには、消費税の
知識も必要なんですね！

消費税の基本
について
▶パート1

14

チェック

☑ 消費税の仕入税額控除とは？

消費税の計算で、受け取った消費税額から
支払った消費税額を差し引けるしくみです。

仕入税額控除の計算（金額は例）

売上で受け取った
消費税
50万円

－

仕入や経費で支払った
消費税
20万円

＝

納める
消費税額
30万円

インボイス制度開始以降

納める消費税
が増える！

仕入や経費の請求書などがインボイスではない場合。

売上で受け取った
消費税
50万円

－

仕入や経費で支払った
消費税
20万円

＝

納める
消費税額
50万円

差し引くことができない

インボイスを発行できるのは、消
費税を申告・納付する「課税事業者」
だけということが重要です。免税
事業者はインボイスを発行できま
せん。免税事業者がインボイスを
発行するには、課税事業者になる
必要があるんです。

請求書の形が
変わるだけでは
ないんですね。

15

課税事業者か免税事業者、 どちらかを選ぶことになる！

消費税を納めない免税事業者は、仕入税額控除も関係がないのでインボイス制度を気にしなくてもよいのでは？

取引の相手にとっては、免税事業者との取引は仕入税額控除を受けられず、その分税額アップにつながります。そのため、免税事業者との取引条件を引き下げたり、取引を敬遠するかもしれません。

つまり、免税事業者には売上減少の恐れがあります。対応を検討しましょう。

インボイス制度の
取引への影響
▶パート**3**

インボイス後は、免税事業者との取引がポイントになるんですね。

ただし課税事業者になると、消費税に関する経理業務が発生して、毎年消費税の申告・納付をしなければなりません。

消費税の申告・
納付について
▶パート**4**

そう簡単ではないんですね、よく調べてみます。

チェック
課税事業者／免税事業者のメリットとデメリット

	課税事業者 （インボイス発行事業者）	免税事業者
メリット	● インボイスを発行できる。 ● 取引先とこれまで通りの取引を継続しやすい。	● 消費税の申告・納付をしなくてよい。 ● 経理業務はこれまでと変わらない
デメリット	● 消費税を申告して納めることになる。 ● インボイスや消費税に関する経理業務が増える。	● インボイスを発行できない。 ● 取引内容が見直される可能性がある（取引価格の引き下げや取引停止など）。

課税事業者になるなら、有利な制度の活用も検討しましょう。代表的なものに簡易課税制度や2割特例があります。
本書でしっかり基本知識を身につけてください！

チェック
簡易課税制度を検討する

消費税額（仕入税額控除）の計算を、受け取った消費税額だけで行うことができる制度です。

制度の特徴をチェック

簡易課税制度について
▶ **46** ページ

- ☐ 仕入や必要経費について、経理業務の手間がかからない。
- ☐ 消費税の計算が比較的簡単になる。
- ☐ 原則として、適用を受けたい年の前年までに届け出が必要（特例あり）。
- ☐ 基準期間の課税売上高が 5000 万円以下であること。

2 インボイス発行事業者の 1年間の経理

課税事業者そしてインボイス発行事業者になったとき、
必要になる業務を確認して、経理手順などを修正しておきましょう。

取引を行うとき

Before インボイス前（免税事業者）

▶ After インボイス後（課税事業者＋インボイス発行事業者）

Before
- 請求書などで消費税記載のルールはない。確認するのは主に取引金額や日付など（課税事業者は、令和5年9月まで区分記載請求書の使用が必要）。
- 消費税に関する記載ミスなどは、相手に確認の上で受け取り側が修正できる。
- 取引書類は、所得税などのルールにしたがって保存する。

After
- インボイスを発行して、写しを保存する（事前にフォーマットを変更する）。▶ 60、62 ページなど
- インボイスを受け取ったときは、不備などがないかチェックして保存する。▶ 72 ページ
  - チェック事項が増える（登録番号の有無や正誤、必要な事項の記載もれがないかなど）。
  - 計算ミスや記載もれなどがあれば、再発行してもらう（修正インボイス）。▶ 76 ページ
- インボイスの保存は、インボイス制度のルールにしたがう。▶ 78 ページ

> **注意**
> 取引の前には、相手が課税事業者か免税事業者か確認が必要。

日々の帳簿に入力するとき

Before インボイス前 （免税事業者）	After インボイス後 （課税事業者＋インボイス発行事業者）
● 帳簿入力は税込経理のみ。 　・消費税に関する区別は 　　不要。	● 帳簿入力は、税込経理、税抜経理のどちらかを選ぶ。 　▶ 54 ページ

● 消費税計算の端数処理は、インボイスごと（また税率ごと）に行う。▶ 68 ページ

● 取引について、消費税に関する処理が必要になる。
　・税区分を判定する（課税取引／非課税取引／不課税取引／免税取引）。▶ 28 〜 33 ページ
　・標準税率と軽減税率の取引を区別する。
　　▶ 34 ページ

● インボイスが必要な取引かどうか確認する。
　▶ 84 〜 89 ページ

● 取引先は課税事業者か免税事業者か。
　・免税事業者との取引は、仕入税額控除の対象外（原則）のため区別して管理する。
　・免税事業者との取引は、経過措置適用の処理を行う。▶ 82 ページ

変更になる業務を箇条書きにして、あわてず対応しましょう。

> 注意 !
> 年の途中のインボイス制度登録なら、登録日の前と後で帳簿の記載を区別する。

年に一度、消費税を申告・納付するとき

Before インボイス前（免税事業者）	**After** インボイス後（課税事業者＋インボイス発行事業者）
● 翌年3月15日までに、所得税の確定申告と納付を行う。	● 帳簿などにより取引を集計して、1年間の消費税額を計算する。 ▶112ページ
● 消費税の申告・納付の必要はない。	● 税額の計算で、割戻し計算か積上げ計算を選べる。 ▶118ページ
・受け取った消費税は売上の一部、支払った消費税は仕入や経費の一部となる。	・一般課税と簡易課税、または2割特例適用で計算方法は異なる。 ▶120、126ページ
・仕入税額控除は受けられない。	● 所得税の確定申告後（3月15日まで）、3月31日までに消費税を申告して納付する。 ▶110、132ページ
	● 前年の消費税額により、中間申告・納付が必要になることがある。 ▶130ページ

会計ソフトを上手に活用しましょう。

> **注意**
> 年の途中のインボイス制度登録なら、最初の年は登録日から12月31日までの税額を申告・納付する。

注・申告期限などは個人事業者の場合。

巻頭特集

3 事業への影響を書き出してみよう

インボイス制度によって、自分の事業にどんなプラスがあり、
マイナスがあるのか、項目ごとに整理してみましょう。

1 取引先との関係の変化

課税事業者になった場合、ならなかった場合、取引金額の見直し内容（売上への影響）、取引継続の可能性など。

_____

_____

_____

_____

_____

_____

_____

2 経理業務への影響

インボイスに登録したときの請求書など書類や帳簿の変更点、申告業務、業務に対して費用はどれくらいかかるか、など。

_____

_____

_____

_____

_____

_____

_____

3 納めることになる消費税額

どれくらいの税金を納めることになるか。売上との関連、納税資金の手当て、など。

_____

_____

_____

_____

_____

_____

_____

❶ は主にパート3、
❷ は主にパート2、
❸ は次ページの概算シートなどで確認しましょう。

21

消費税の ざっくり概算シート

納税額の把握や納税資金の準備のため、前年の決算書（税込み）などから
計算してみましょう。簡易課税による税額も試算してくらべてみます。

POINT

令和5年10月から課税事業者と
いう場合、最初の年は3か月分の
概算（令和5年10月〜12月分）
も確認しておこう（下で計算した
消費税額× 3/12)。

一般課税なら

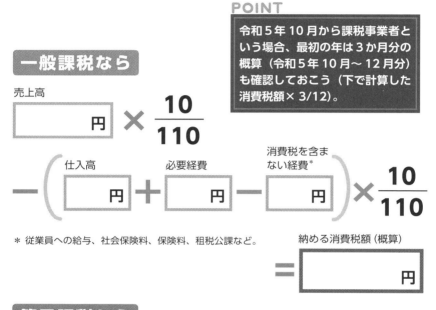

売上高

□ 円 × $\frac{10}{110}$

− (仕入高 □ 円 + 必要経費 □ 円 − 消費税を含ま
ない経費* □ 円) × $\frac{10}{110}$

＊ 従業員への給与、社会保険料、保険料、租税公課など。

納める消費税額（概算）

= □ 円

簡易課税なら

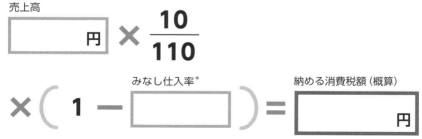

売上高

□ 円 × $\frac{10}{110}$

× (1 − みなし仕入率* □) = 納める消費税額（概算） □ 円

＊ 事業区分により異なる（→ 48 ページで確認）。

注・食料品販売など、軽減税率8％がメインの事業者は、いずれも 8/108 で計算する。

パート **1**

－インボイス理解の第一歩－
事業者の消費税
基本知識

このパートで取り上げる内容

インボイス制度を理解する
ためには、消費税の知識が
欠かせません。このパート
で消費税の「イロハ」を知っ
ておきます。

国内の商品の販売やサービスの提供にかかる税金

項目の まとめ | 消費税は誰もがかかわる税金。インボイス制度を理解するためにどんな税金なのかつかんでおく。

国内のあらゆる人にかかわりがある

　消費税は、国内の商品の販売やサービスの提供などといった「消費」に課される税金です。現在の税率（標準税率）は10％、国に納める消費税（7.8％）と都道府県や市区町村に納める地方消費税（2.2％）の合計です。また、8％の軽減税率が設けられています（→34ページ）。商品を購入した人やサービスの提供を受ける人（消費者）が負担します。あらゆる世代に広く課税され、景気などに左右されにくい税金です。

　消費税の主な使いみちは、医療や介護、年金、教育や子育てなどといった社会保障費です。社会保障費が急速に増大するなか、消費税の税率は何度か引き上げられ、今では所得税を超える税収の大きな柱となっています。

負担する人と納める人が異なる

　消費者は、商品などの代金に消費税分の金額を上乗せして支払うことで税金を負担しています。消費者が支払った消費税を税務署に納めるのは、消費税を受け取った事業者（会社や個人事業者）です。

　このように、**課税される人と納税する人が異なる税金を「間接税」といいます**。消費税が代表的な間接税ですが、ほかに酒税やたばこ税などがあります。ちなみに、課税される人が直接納税する税金を「直接税」といいます。直接税には所得税や相続税などがあります。

MEMO | **消費税の負担感**　消費税は誰もが同じ税率であるが、所得の低い人ほど所得に対する割合が高くなりやすく、負担感も大きくなりがち。

消費税はこんな税金

消費に対して課税される

事業者

消費税を納める。

国・地方自治体

商品を販売する、サービスを提供する

価格に対して原則10%を上乗せして支払う

消費者 薄く広く課税される。

消費税は税収の大きな柱

税収の構成比（国税＋地方税）

※国税は令和5年度予算。
地方税は見込み額。
（四捨五入のため、
合計は100%に
ならない）

資産課税（固定資産税、
相続税など）
13.3%

所得課税（所得税、
住民税、法人税など）
51.8%

国税・地方税
（令和5年度予算）
**118兆
4048億円**

消費課税（消費税、
地方消費税など）
34.8%

財務省資料より作成

商品やサービスなどを買う人に課税され、事業者が納める

| 項目の まとめ | 消費税の納付は、消費者が直接行うわけではなく、取引の流れの中で事業者が分担して納めることがポイント。 |

誰がどのように負担するか

　消費税は、消費者が負担して事業者が納付する税金です（間接税）。しかし、消費税は流通や取引の過程でも課税されるため、それぞれが受け取った消費税をそのまま納めると、1つの商品やサービスに何度も課税されることになってしまいます。

　これを避けるため、**流通過程でかかわる事業者は、取引などで受け取った消費税と支払った消費税の差額を納めます。このしくみにより、消費者が支払った消費税を、事業者が税務署に納めるということになります。**

受け取った消費税＝納める消費税ではない

　たとえば、消費者が小売業者から1000円の商品Aを購入した場合、消費税100円を合わせた1100円を支払います。販売した小売業者は商品Aを700円で仕入れていれば、卸売業者に消費税70円を上乗せして支払っています。この場合、小売業者は受け取った消費税100円から、支払った消費税70円を差し引いた30円を納めるのです。こうして同様に流通過程の事業者が消費税を納めると、合計額は消費者の支払った100円となります（右ページ）。

　事業者は、原則として1年に一度売上や仕入全体についてこの消費税の計算を行い、消費税の確定申告によって納めます（支払った消費税のほうが多ければ還付を受ける）。

> **MEMO** **納税義務者** 消費税は、事業者（個人事業者および会社など）のほか、輸入取引を行う事業者(事業者以外を含む)が納める。消費税を納める義務のある人を消費税の納税義務者という。

【例】商品A（税率10％）の消費税はこう納められる

製造業者

商品Aを製造、550円で販売
売上（受け取り） 500円＋消費税50円

納める消費税額
 50円 ➡ 申告・納付

卸売業者

商品Aを仕入、770円で販売
仕入（支払い） 500円＋消費税50円
売上（受け取り） 700円＋消費税70円

納める消費税額
（70円－50円）
20円 ➡ 申告・納付

小売業者

商品Aを仕入、1100円で販売
仕入（支払い） 700円＋消費税70円
売上（受け取り） 1000円＋消費税100円

納める消費税額
（100円－70円）
 30円 ➡ 申告・納付

消費者

商品Aを1100円で購入
代金（支払い） 1000円＋消費税100円

負担する消費税額
100円

それぞれの事業者が申告・納付する消費税額

消費者が支払った
消費税額と一致する

合計

50円 ＋ **20円** ＋ **30円** ＝ **100円**

課税取引

消費税がかかる取引か どうか判断が必要

項目の まとめ	取引には消費税がかかる取引とかからない取引がある。消費税がかかる取引を課税取引という。その範囲をはっきりつかんでおく。

国内の事業による取引かどうか

事業者は商品やサービスの販売や取引などで、消費税を受け取ったり支払ったりします。しかし、すべての取引などに消費税がかかるわけではありません。

消費税がかかるのは、まず国内で行われる取引と輸入取引*、次に事業者が事業として行う取引、もう1つは、商品を販売する、貸し付ける、またサービスを提供することで対価を得る取引です（→右ページ）。

これらの条件をすべて満たしている取引を課税取引といい、消費税を納めることになります。事業者が行う取引の大半は課税取引です。

課税されない取引にはいくつかの種類がある

上記の条件に1つでも当てはまらなければ、その取引は消費税の対象外です（不課税取引→30ページ）。また、条件に当てはまっていても、一定の理由から消費税の対象外となる取引もあります（非課税取引→32ページ）。

その他、一定の輸出取引や国際輸送などは、国外で消費されることから消費税が免除されます（免税取引）。なお、輸入取引は国内で消費されるため課税対象です。

正確な消費税額の計算のためには、事業者は自らが行う取引について、課税取引とそれ以外の取引をはっきり区別しなければなりません。

> **MEMO** **輸入取引** 海外から商品などを購入する取引。保税地域（税関の許可を得るまで一時的に商品などを保管する場所）から外国貨物を引き取るときに消費税がかかる。

＊輸入取引の消費税は、免税事業者や事業者以外の者（給与所得者や主婦など）も課税対象となる。なお、右ページの表には含まない。

課税取引の３つの条件（すべてを満たすこと）

**① 国内で行われる
取引である**

国外で行われる取引や一定の輸出取引（免税
取引）は対象外。

→ NO

⬇ YES

**② 事業者が事業として
行う取引である**

個人事業者や会社（法人）が行う取引。個人
事業者が消費者の立場で行う取引は対象外
（自宅の売却など）。

→ NO

⬇ YES

**③ 対価を得て行う、
商品の販売や貸付け、
サービスの提供
である**

寄付金や補助金、保険金などは、事業による
支払いではないため対象外。

→ NO

⬇ YES

消費税は課税されない（不課税取引）

課税取引

取引に消費税が課税される。ただし、条件に当て
はまっても課税されない非課税取引あり。

「課税対象ではない」取引を はっきり押さえる

項目の まとめ	不課税取引は消費税のかからない取引の１つ。代表的なものは社員 に支払う給与。不課税となる理由を理解して課税取引と区別する。

給与には消費税がかからない

29ページの条件に１つでも当てはまらない取引は、消費税の対象外である不課税取引になります。代表的な不課税取引は、従業員に支払う給与や賃金です。給与や賃金は雇用契約に基づいた労働に対する支払いで、事業による商品やサービスの提供に対するものではないためです。また、寄付金、補助金、保険金、損害賠償金なども、事業による取引で得たものではないため不課税取引となります。

不課税取引は消費税のかからない取引であるため、帳簿などで課税取引と区別しておく必要があります。不課税取引と非課税取引（→32ページ）は、消費税がかからない取引という意味では同じです。しかし、仕入税額控除の額にかかわる「課税売上割合（→136ページ）」の計算で、不課税取引は計算に含めませんが、非課税取引は計算に含めます。こうしたことから、それぞれの違いを理解して区別する必要があります。

消費税が「免税される」取引もある

そのほか消費税は国内取引が対象であるため、一定の輸出取引などは消費税が免除されます。これを免税取引といいます。免税取引と認められるには、取引を証明する輸出証明書類の保管などが必要です。なお、免税取引のための仕入で支払った消費税額は、仕入税額控除の対象となります。

> **MEMO** **外国人旅行者向けの免税店** 免税店（開設には税務署の許可が必要）が外国人旅行者などに商品を販売する場合は、消費税が免除される。商品の種類や販売金額に条件あり。

事業と関係のないお金のやりとりなどが対象

```
┌──────── 事業者の行う取引 ────────┐
┌─────────────────────────────────┬────┬────┐
│            課　税               │非課│不課│
│                                 │税  │税  │
└─────────────────────────────────┴────┴────┘
```

※その他免税取引あり。

課税取引の条件に当てはまらない取引

不課税取引

主な不課税取引

給与、賃金、退職金	保証金、権利金 （返済義務のあるもの）
寄付金、祝い金、 見舞金	損害賠償金
国や自治体からの 補助金、助成金	個人の自宅や 自家用車の売却
保険金、共済金	帳簿や申告では、課税取引や非課税取引と区別が必要です。種類は多くないのでしっかりおぼえておきましょう。
出資に対する配当金	

31

消費税の課税対象だが課税されない取引もある

項目の まとめ	消費税がかからない取引として非課税取引もある。土地の売買や医療・教育にかかわるものなど。個別におぼえておく。

非課税取引には2つのタイプがある

　課税取引の条件（→29ページ）には当てはまるものの、一定の理由から消費税がかからない取引もあります。これを非課税取引といいます。非課税取引となる売上や仕入も、帳簿などで課税取引などと区別することが必要です。

　非課税取引には、消費税の課税対象としてなじまない取引、社会的な配慮により非課税とされる取引という2つのタイプがあります。

土地の売買には消費税がかからない

　たとえば、**土地の売買（貸付けを含む）は、商品やサービスのような「消費する」という考え方になじまないとされ、非課税取引となります。**建物の売買は消費税の対象です。また、土地の取引にともなう仲介手数料は課税されます。社会的な配慮による非課税取引とは、公的医療保険による医療費や介護保険のサービス、学校教育関係の費用、居住用住宅の貸付けなどです。

　非課税取引になるものは限定されているため、自分の事業にかかわるものを確認しておぼえておきましょう。右ページの図でチェックしてみてください。

　なお、非課税取引には消費税がかかりませんが、消費税の計算上は課税取引に含めます。そのため、課税売上割合（→136ページ）の計算では課税取引と合計します。

> **MEMO** **駐車場の貸付け**　土地を駐車場として貸す場合は原則非課税取引になる。ただし、舗装や区画の整備などをすると、施設の貸付けとなり課税取引となる。

消費税に「なじまない」取引は課税されない

―――――――― 事業者の行う取引 ――――――――

課　税	非課税	不課税

※その他免税取引あり。

課税取引の条件に当てはまるが課税対象外となる取引

非課税取引

主な非課税取引をチェック ✓

課税対象として
なじまない取引

☐ 土地の売買や貸付け

☐ 株式や債券など
有価証券の売買

☐ 利子や保険料

☐ 切手や商品券、プリペイド
カードなどの売買
・チケットショップなどでの
販売・購入は課税。

☐ 行政手続き（登記や免許な
ど）の手数料

社会的な
配慮によるもの

☐ 公的医療保険による医療費

☐ 介護保険による介護等の
サービス

☐ 助産費用

☐ 埋葬料・火葬料

☐ 身体障害者用物品の売買、
貸付け

☐ 学校の授業料や入学金

☐ 教科用図書の売買

☐ 居住用住宅の貸付け
・家賃のほか、敷金、礼金など。
・店舗や事務所の家賃（事業用
の貸付け）は課税。

通常の税率は10％。一部８％の軽減税率がある

項目の まとめ	消費税は標準税率10％と軽減税率８％の２種類がある。消費税を納める事業者は、請求書や帳簿などで明確な区別が必要。

消費税率は令和元年10月から２種類

　消費税の税率は、**令和元年10月に10％（標準税率。消費税率7.8％、地方消費税率2.2％の合計）に引き上げられました。**

　ただし、毎日の生活に欠かせない一定の飲食料品などは、軽減税率として８％（消費税率6.24％、地方消費税率1.76％の合計）に据え置かれました。もっとも飲食料品のうち、お酒や外食などは生活に欠かせないものではないとして、軽減税率の対象外です。

軽減税率を区別する区分経理が必要になった

　取引の内容によって、標準税率10％と軽減税率８％の税率が混在するため、**軽減税率の売上や仕入、経費がある事業者は、請求書や帳簿などで２つの税率を区分して記載（区分記載請求書）、保存することが必要になりました（区分記載請求書等保存方式）。これを「区分経理」といいます。**区分経理は、消費税の計算で仕入税額控除（→44ページ）を受けるための条件です。

　令和５年10月からは、より正確に消費税額などをあきらかにするインボイスの発行・保存が仕入税額控除の条件になります。標準税率と軽減税率の区別がより厳格に求められるのです。

　なお、免税事業者は消費税を納めないため、原則として区分経理などの必要はありません。

MEMO	**意外に難しい税率の区分例**　料理酒やみりんはアルコール分（１度以上）を含むので軽減税率の対象外。また学校給食は軽減税率の対象だが、学校の食堂で販売するものは対象外。

飲食料品で軽減税率の対象になるものならないもの

軽減税率
8％

標準税率
10%

飲食料品
- 生鮮食料品、飲料（お茶やジュースなど）、加工食品など
- テイクアウト、宅配など

[飲食料品以外]

新聞（週2回以上発行で定期購読契約のもの）

酒類
- ビール、ワイン、焼酎、日本酒など

外食、ケータリング・出張料理など

医薬品、医薬部外品

売店などで購入する新聞は税率10%です。

一体資産　8％または10%
（おもちゃ付きのお菓子など）
- 全体の価格や食品部分の価格の割合などによって、適用される税率が異なる。

ひとくちコラム

これまでの消費税改正は引き上げの歴史

消費税は平成元年4月に、税率3％で導入されました。その後、平成9年4月に5％、平成26年4月に8％、令和元年10月に10％（軽減税率8％）に引き上げられました。導入から30年以上の間、引き上げられることはあっても、引き下げられたことはありません。インボイス制度の導入も、益税（→36ページ）を失う免税事業者にとっては、実質的な増税となります。

すべての事業者が納税するわけではない

項目の まとめ	事業者は売上などにより、消費税を納める事業者（課税事業者）と納税を免除される事業者（免税事業者）に分かれる。

基準期間の課税売上高が判断基準

　消費税はすべての事業者が納めるわけではなく、原則として売上などで消費税を納めるかどうかが決まります。**消費税を納める事業者を課税事業者、免除される事業者を免税事業者といいます**。免税事業者の場合は、受け取った消費税をそのまま売上にできます。これを「益税」といいます。

　課税事業者となるのは、前々年の課税売上高（消費税の対象となる売上の合計額）が1000万円を超える場合です。1000万円以下なら免税事業者として納税は免除されます。この前々年を、課税／免税の判断基準となる「基準期間」といいます。

　また、前年1月1日〜6月30日を「特定期間」といい、特定期間の課税売上高*1000万円超の場合も課税事業者となります。課税売上高の金額は、課税事業者は税抜き、免税事業者は税込みで判断します。

どちらかを自分で選ぶこともできる

　課税／免税の判断は1年ごとに行いますが、開業や法人化による最初の1〜2年間は対象となる基準期間や特定期間がないため、原則として免税事業者です（資本金1000万円以上の会社は開業の年から課税事業者）。

　また、申告により還付を受けられる、インボイス制度に登録するといった場合、課税事業者になる必要があります。

MEMO	**課税期間**　消費税ではその計算の対象となる期間を課税期間という。個人事業者は1月1日から12月31日までの1年間。会社は事業年度（会社ごとに異なる）。

＊または特定期間中の給与等の支払い額の合計（事業者の判断でいずれかを選べる）。

課税事業者、免税事業者の判定

基準期間または特定期間の課税売上高*が

＊特定期間中の給与等の支払い額の合計による判定も可。

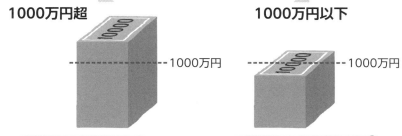

1000万円超

---------1000万円

1000万円以下

---------1000万円

課税事業者

消費税の申告をして消費税を納める。

免税事業者

消費税の申告・納付が免除される（課税事業者を選ぶことはできる）。

自分の課税売上高を確認

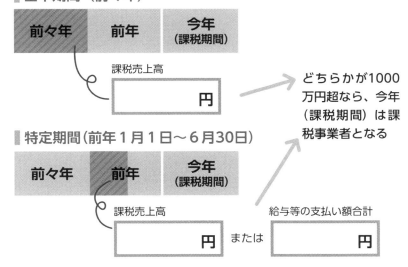

▌基準期間（前々年）

| 前々年 | 前年 | 今年（課税期間） |

課税売上高

□□□ 円

▌特定期間（前年1月1日〜6月30日）

| 前々年 | 前年 | 今年（課税期間） |

課税売上高

□□□ 円

または

給与等の支払い額合計

□□□ 円

どちらかが1000万円超なら、今年（課税期間）は課税事業者となる

課税事業者になるときの届け出①

課税売上高が1000万円超になったら届け出が必要

項目の まとめ	基準期間などの売上により課税事業者になる場合は「消費税課税事業者届出書」を提出する。

売上により免税事業者から課税事業者になる

消費税を納めるかどうかは、原則として売上によって決まります（→36ページ）。免税事業者は今年の課税売上高が1000万円を超えると、2年後（翌々年）は課税事業者です。

このとき、手続きとして管轄の税務署に「消費税課税事業者届出書（基準期間用)」を提出します。税務署に直接提出するほか、郵送やe-Tax（e-Taxソフトを利用する）による届け出もできます。届出書は窓口で入手するほか、国税庁のホームページからダウンロードもできます。

課税事業者となる年（課税期間）が始まるまでに、すみやかに提出しましょう。所得税の確定申告時に、確定申告書と一緒に提出すると手続きの手間が一度ですみます。

前年の特定期間（→36ページ）により課税事業者になる場合は、様式の異なる「消費税課税事業者届出書（特定期間用)」を使うので注意します。

売上が下がれば免税事業者に戻ることもできる

課税事業者になった後、課税売上高が1000万円以下になってしまった場合、その翌々年は免税事業者に戻って消費税が免除されることになります。**このときは「消費税の納税義務者でなくなった旨の届出書」を、免税事業者となる年が始まるまでにすみやかに提出します。**

> **MEMO** **インボイス制度に登録している場合** 届け出により免税事業者に戻るとインボイスを発行できなくなるため、届け出などをせず、課税事業者でいることも検討する。

消費税課税事業者届出書(基準期間用)の記入ポイント

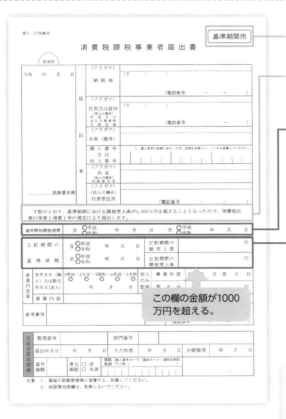

特定期間用の届出書は「特定期間用」となっている。

「基準期間の課税売上高が1000万円を超える」旨の文言が記載されている。

課税期間（課税事業者になる期間）を記入する

・初日と最終日。個人事業者は1月1日から12月31日。

この欄の金額が1000万円を超える。

基準期間について記入する

・初日と最終日。個人事業者は前々年の1月1日から12月31日。
・基準期間の総売上高（課税売上以外の売上を含む）と課税売上高（免税事業者は税込み）を記入する

いつまでに／どこへ

すみやかに／住所地または事務所所在地を管轄する税務署へ

その後、課税売上高が1000万円以下になったら

・その翌々年は納税義務が免除される。すみやかに「消費税の納税義務者でなくなった旨の届出書」を提出する。

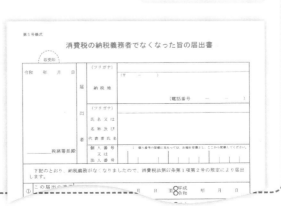

自ら課税事業者を選ぶときは届け出書類が異なる

項目の まとめ	免税事業者が売上などによらず課税事業者になるときは「消費税課税事業者選択届出書」を提出する。

課税事業者のほうが有利なケースあり

　売上などの条件を満たしていなくても、課税事業者になることができます。この場合は、管轄の税務署に「消費税課税事業者選択届出書」を提出します。たとえば、大きな設備投資などの予定があり消費税も多く支払うことになるため、課税事業者として申告すれば還付を受けられる場合などに検討します。38ページの「消費税課税事業者届出書」とは別の様式です。

　免税事業者がインボイス発行事業者になるときは、課税事業者になる必要があります。この場合も、原則としてこの手続きを行います。ただし、令和5年10月1日から令和11年まで*のインボイス制度の登録では、この届け出を省略できます（→144ページ）。

2年しばりに注意する

　この届出書を課税事業者になりたい前の年までに提出すれば、翌年から課税事業者になれます。注意が必要なのは、**この手続きによって課税事業者になった場合、その後2年間は免税事業者に戻れないということです（2年しばり）**。

　2年経った後であれば、「消費税課税事業者選択不適用届出書」により、課税事業者をやめて免税事業者に戻れます。提出した年の翌年から免税事業者となります。

> **MEMO** **消費税の課税期間は短くできる**　消費税の課税期間（1年）を3か月または1か月に短縮することで、設備投資の還付などを早めに受けることができる（→56ページ）。

＊令和11年9月30日が属する課税期間まで。

消費税課税事業者選択届出書の記入ポイント

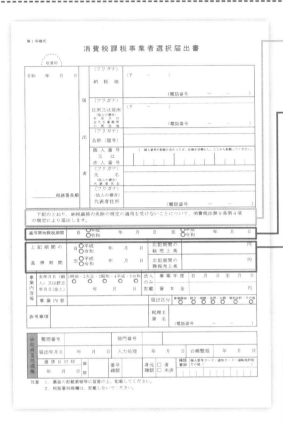

「納税義務の免除の規定の適用を受けない（課税事業者になる）」旨の文言が記載されている。

課税期間（課税事業者になる期間）を記入する

・初日と最終日。個人事業者は1月1日から12月31日。

基準期間について記入する

・初日と最終日。個人事業者は前々年の1月1日から12月31日。
・基準期間の総売上高（課税売上以外の売上を含む）と課税売上高（免税事業者は税込み）を記入する。

いつまでに／どこへ

適用を受ける年（課税期間）が始まる前日までに／住所地または事務所所在地を管轄する税務署へ

その後、免税事業者に戻るときは

・「消費税課税事業者選択不適用届出書」を提出する。提出の翌年から免税事業者となる。

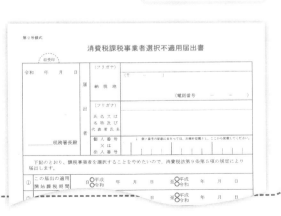

消費税に関する届け出を整理しておく

課税／免税にかかわるもののほかにも、消費税にはさまざまな場面で届け出が必要になります。まぎらわしいものも多いので注意しましょう。

まぎらわしいものをしっかり区別する

	どんなとき	届け出書類の名称	いつまでに	
課税事業者になる／免税事業者になる	基準期間の課税売上高が1000万円超で課税事業者になる	消費税課税事業者届出書（基準期間用） ※特定期間による場合は「特定期間用」を使う	すみやかに	38ページ
	基準期間の課税売上高が1000万円以下で免税事業者になる	消費税の納税義務者でなくなった旨の届出書	すみやかに	38ページ
	自らの選択で課税事業者になる	消費税課税事業者選択届出書 ※インボイス制度の登録をする場合は届け出不要（令和5年10月〜令和11年まで）。	課税事業者になる前の年までに	40ページ
	課税事業者をやめて免税事業者になる	消費税課税事業者選択不適用届出書	免税事業者になる前の年までに	40ページ

どんなとき	届け出書類の名称	いつまでに
課税事業者になる 資本金1000万円以上で会社を設立する	**消費税の新設法人に該当する旨の届出書** ※法人設立届出書に必要事項を記載する場合は不要。	すみやかに
簡易課税制度 簡易課税制度の適用を受ける	**消費税簡易課税制度選択届出書**	適用を受ける前の年までに **50**ページ ※同時にインボイス制度に登録するなら、届け出の年から適用を受けられる（令和5年10月〜令和11年まで）。
簡易課税制度の適用をやめる	**消費税簡易課税制度選択不適用届出書**	適用をやめる前の年までに **50**ページ
課税期間の短縮 課税期間を短くする	**消費税課税期間特例選択・変更届出書**	適用を受ける前の年までに **56**ページ
課税期間の短縮をやめる	**消費税課税期間特例選択不適用届出書**	適用をやめる前の年までに **56**ページ

受け取った消費税から支払った 消費税を差し引いて納める

項目の まとめ	消費税を納めるときの計算では、受け取った消費税額から支払った 消費税額を差し引く。このしくみを仕入税額控除という。

課税取引の売上と仕入で計算する

　課税事業者は、消費税額の計算を自ら行って申告・納付することになります。基本的な計算方法を押さえておきましょう。

　まず1年間の取引で、消費税のかかる売上と消費税のかかる仕入や経費を集計します。消費税のかかる売上を「課税売上」、消費税のかかる仕入や経費を「課税仕入」といいます。次に、課税売上に対する消費税と課税仕入に対する消費税を計算します。課税売上の消費税額から課税仕入の消費税額を差し引いた金額が、納める消費税額となります（標準税率と軽減税率の取引は区別して計算）。**これが消費税額計算の基本的な方法で、一般課税（原則課税、本則課税）といいます。**

　消費税の計算で、受け取った消費税から支払った消費税を差し引くことを、仕入税額控除といいます。令和5年10月からは、原則としてインボイスの発行や保存が仕入税額控除の適用条件となります＊（→58ページ）。

比較的簡単な計算方法もある

　一般課税の計算は、個人事業者や中小の会社などには経理負担が大きいため、簡易な計算方法も認められています。これを簡易課税制度といいます。一般課税とは納める消費税額にも違いが出てくるため、選択には十分な検討が必要です。くわしくは46ページを参照してください。

> **MEMO** **国税分と地方税分は分けて計算**　消費税の申告時の計算では、国税分（消費税・7.8％）と地方税分（地方消費税・2.2％）を区別する。そのため、それぞれを計算してから税額を合計する。

＊令和5年9月までは、区分経理による請求書や帳簿の保存が条件。

消費税額の計算（一般課税）と仕入税額控除

事業者が
1年間
（課税期間）
に行った
取引

課税売上 ← 消費税のかかる売上

課税売上

◯◯◯◯円 ×**税率10%(8%)**

課税売上の消費税額
（受け取った消費税額）

= ◯◯◯◯円

課税仕入 ← 消費税のかかる仕入や経費

課税仕入

◯◯◯◯円 ×**税率10%(8%)**

課税仕入の消費税額
（支払った消費税額）

= ◯◯◯◯円

課税売上の消費税額
（受け取った消費税額）

◯◯◯◯円

−

課税仕入の消費税額
（支払った消費税額）

◯◯◯◯円

=

納める消費税額

◯◯◯◯円

仕入税額控除

POINT

標準税率（10%）と軽
減税率（8％)の取引は、
区別して別に計算して
から合計する。

これが納める消費税
額の計算です。計算
結果がマイナスなら
還付を受けられます。

煩雑な消費税の計算を
簡略化できる制度がある

項目の まとめ	基準期間の課税売上高が5000万円以下の課税事業者なら、消費税の計算が比較的簡単な簡易課税制度を利用できる。

受け取った消費税額がわかればOK

　簡易課税制度は、課税売上を集計して、その課税売上の消費税額に対する**一定割合によって納める消費税額を計算する方法**です。一般課税のように課税仕入に関する計算の必要がありません。

　個人事業主や中小の会社に向けて、消費税の経理負担を軽減するために設けられた制度です。そのため、簡易課税制度の適用を受けられるのは、**基準期間（→36ページ）の課税売上高が5000万円以下の事業者**に限られます。

業種により「一定割合」は違う

　簡易課税制度で使われる、課税売上の消費税額に対する一定割合を「**みなし仕入率**」といいます。みなし仕入率は、業種（6種類の「事業区分」→48ページ）により割合が異なります。基本的に、売上に対して仕入の割合が高いといった利益率の低い業種ほど、高いみなし仕入率になっています。

　なお、複数の事業を営んでいる場合は、事業内容ごとのみなし仕入率を適用するため、仕入税額控除の計算が複雑になることがあります＊。また、課税仕入の計算を行わないため、特別な支出などで消費税を多く支払った年も消費税の還付が受けられません。こうしたデメリットも検討した上で選びます。

　簡易課税制度を利用するには、税務署に届け出が必要です（「消費税簡易課税制度選択届出書」→50ページ）。

MEMO	**事業区分の区別は帳簿にも記載**　複数の事業を行う事業者が簡易課税制度を利用する場合、帳簿などでもその区別を記載することが必要。経理業務が煩雑になることに注意する。

＊ただし1つの事業が全体の課税売上高の75%以上なら、その事業のみなし仕入率だけで計算できる。

簡易課税制度による消費税の計算

事業者が
1年間
（課税期間）
に行った
取引

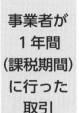

課税売上

課税売上

| | 円 |

税率
×10%(8%)

課税売上の消費税額
（受け取った消費税額）

＝ | | 円 |

POINT

標準税率（10%）と軽減税率
（8%）の取引は、区別して別
に計算してから合計する。

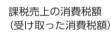

課税仕入の
計算は不要！

課税売上の消費税額
（受け取った消費税額）

| | 円 |

－

（

課税売上の消費税額
（受け取った消費税額）

| | 円 |

×

みなし仕入率

| | ％ |

）

事業区分により40〜90%（→48ページ）

一定規模以下の事業
者の経理負担を軽減
するための制度です。

納める消費税額

＝ | | 円 |

事業内容で差し引ける割合が違う(みなし仕入率)

事業や取引の内容によって、適用されるみなし仕入率は異なります。簡易課税制度の適用を受ける前には、取引などがどの事業区分に該当するか確認した上で、税額の試算が欠かせません。

事業の種類	当てはまる事業内容	
卸売業	購入した商品の性質や形状を変えずに、他の事業者に販売する事業。	
小売業など	購入した商品の性質や形状を変えずに、消費者に販売する事業。農林水産業で消費者に販売する事業を含む。	
農林水産業*、製造業など	その他、鉱業、建設業、電気業、ガス業、熱供給業、水道業。 ＊消費者に販売する場合は第二種事業になる。	
飲食店業など、その他の事業*	他の事業区分に当てはまらない事業。 ＊第一～第三、第五、第六種事業のどれにも当てはまらない場合に、第四種事業になる。	
サービス業など	金融・保険業、運輸・情報通信業を含む。サービス業は、飲食店業に当てはまらないもの。	
不動産業*	不動産仲介業、賃貸業、管理業など。 ＊住宅の貸付けなどは非課税のため除く。	

注意
2種類以上の事業を行う事業者は、事業内容ごとに異なるみなし仕入率を使用する。計算が複雑になることに注意（それぞれの売上の割合による特例あり）。

課税仕入に対する税額より有利かどうかチェック

事業区分	みなし仕入率
　**第一種事業**	課税売上の消費税額の **90%**
第二種事業	課税売上の消費税額の **80%**
第三種事業	課税売上の消費税額の **70%**
第四種事業	課税売上の消費税額の **60%**
第五種事業	課税売上の消費税額の **50%**
第六種事業	課税売上の消費税額の **40%**

簡易課税制度を選んだら最低2年は継続する

項目の まとめ	簡易課税制度の選択には「消費税簡易課税制度選択届出書」を提出する。2年しばりに注意する。

選ぶとき／やめるとき、どちらも手続きが必要

　簡易課税制度を利用するには、管轄の税務署に「消費税簡易課税制度選択届出書」を提出することが必要です。免税事業者の場合は、課税事業者になるための届け出（→38、40ページ）と合わせて行うとよいでしょう。

　適用を受けたい前の年までに提出して、翌年から適用を受けられます。開業したり法人化した場合は、最初の年の間に届け出をすればその年から適用を受けられます。また、免税事業者がインボイス制度に登録して簡易課税制度を選ぶ場合も、その年（登録日）から適用を受けられます（→146ページ）。

　いったん簡易課税制度を選ぶと、原則としてその後2年間はやめることができないことに注意します（2年しばり）。届け出の前には、2年後までの事業の変化などをよく確認しておきましょう。

　簡易課税制度をやめるときは、適用をやめたい前の年までに「消費税簡易課税制度選択不適用届出書」を提出します。

**ひとくち
コラム**

簡易課税制度を
選べないこともある

　「調整対象固定資産」または「高額特定資産」を取得した場合、その年を含む3年間は簡易課税制度の適用を受けられません。また、課税事業者から免税事業者になることもできません。調整対象固定資産とは、取得金額（税抜き）が100万円以上の固定資産＊、高額特定資産とは、取得金額（税抜き）が1000万円以上の商品（棚卸資産）または調整対象固定資産です。

＊土地などの非課税資産を除く。

消費税簡易課税制度選択届出書の記入ポイント

— 簡易課税制度の適用を受ける旨をチェックする。

簡易課税制度を受ける課税期間を記入する

・初日と最終日。個人事業者は1月1日から12月31日。

基準期間について記入する

・初日と最終日。個人事業者は前々年の1月1日から12月31日。
・基準期間の課税売上高を記入する。免税事業者は税込み。

> この金額が5000万円以下なら簡易課税制度を選べる。

事業内容と事業区分（→48ページ）を記入する

提出要件を確認する

・イ、ロ、ハに該当するかを確認してチェックする。

いつまでに／どこへ

適用を受ける年が始まる前日までに／住所地または事務所所在地を管轄する税務署へ

その後、簡易課税制度の適用をやめるときは

・「消費税簡易課税制度選択不適用届出書」を提出する。提出の翌年から適用をやめることができる。

会計ソフトでは事前に消費税の設定をしておく

項目の まとめ	会計ソフトなら消費税の経理処理は難しくないが、チェックができるよう内容は把握しておく。

最初の設定で自動処理される

　消費税は、帳簿に正しく記録して保存する必要があります。これは仕入税額控除を受けるために必須です。1年に一度、消費税を計算して申告・納付するためにも欠かせません。もっとも、免税事業者は消費税の申告・納付が免除されているため、帳簿には税込みの金額を記載するだけです。

　会計ソフトを利用している事業者は、最初に消費税に関連する項目を設定しているでしょう。使用される項目の区分や名称などは、ソフトやメーカーなどで多少異なりますが、おおよそ右ページのようになっています。

　いったん設定すれば、それにしたがって多くの内容は自動処理されます。たとえば、取引の税区分（課税取引か非課税取引か不課税取引かなど）は勘定科目ごとに自動判定されるのが一般的です。

　とはいえ、事業により設定とは異なる取引が発生したり、個別に判断が必要になる場合があります。一定の知識を持って、決算などでチェックします。

インボイス以降こう変わる

　インボイス制度以後は、課税事業者は消費税の扱いの変化（インボイスの要不要、免税事業者との取引など）に注意します。**免税事業者はインボイス制度に登録するなら、課税事業者としての消費税設定などに変更します。**ソフトのバージョンアップやシステム変更、買い換えなども検討しましょう。

> **MEMO** **免税事業者との取引に注意**　インボイス制度以後、免税事業者との取引で仕入税額控除の軽減措置（→82ページ）を利用する場合、帳簿に記載が必要になる。

消費税の設定項目を確認

※項目の区分や名称は会計ソフトにより多少異なる。

「事業者区分」を選ぶ

課税事業者

免税事業者

消費税に関する設定は不要。
税込みの金額で帳簿を作成する。

「課税方式」を選ぶ

・通常の消費税額の計算方法（一般課税）か、
簡略化された簡易課税制度か（→44、46ページ）。

事前の届け出が必要

一般課税

簡易課税

課税売上高5億円超または課税売上割合*が95％未満なら、仕入税額控除の計算方法を選ぶ（個別対応方式または一括比例配分方式）。
＊売上に対する課税売上高の割合（→136ページ）。

事業内容により事業区分（→48ページ）を設定する。

「計算区分」を選ぶ

・帳簿への記録を、税込みで行うか税抜きで行うか。
・どちらを選ぶかにより、帳簿入力の方法が変わる（→54ページ）。

税込

税抜

「端数処理」を選ぶ

・どれを選んでもよい（切り捨てを選ぶことが多い）。

切り捨て

切り上げ

四捨五入

「税区分」「税率」の設定を確認する

・勘定科目ごとに設定された税区分（課税／非課税／免税／不課税）や税率（10％／8％）を確認して、必要なら修正する。

日々の帳簿入力は税込経理が簡単

項目の
まとめ　消費税の税込処理と税抜処理は一長一短。経理の方針と処理の手間を考えてどちらかを選ぶ。

事業者自身の判断で選ぶ

　消費税を帳簿に記録する方法には、税込経理と税抜経理の2つがあります。**税込経理では消費税を加えた金額を入力します。税抜経理では取引ごとに消費税と本体価格を分けて入力します。**税抜経理のほうが手間がかかりますが、会計ソフトを使用している場合、多くは税込みの金額を入力すれば、自動的に本体価格と税額が区別されます。

　税込経理では、売上や仕入等に消費税分が上乗せされているため、帳簿上の金額は多く見えます。税抜経理なら実際の売上や仕入額を正確に把握でき、年の途中でも納税額などを予測しやすいメリットがあります。なお、どちらを選んでも原則として納める税額は同じです。

　課税事業者なら選択は自由ですが、免税事業者は税込経理しか選べません。税込経理を選ぶのは小規模の事業者が多いようです。簡易課税制度利用なら、仕入や経費の消費税計算が不要なので、税抜経理の必要性は低いでしょう。

使用する勘定科目が異なる

　帳簿入力の勘定科目は、税抜経理なら売上にかかる消費税を「仮受消費税」、仕入等にかかる消費税を「仮払消費税」とします。決算時にこの2つの金額の差額を「未払消費税」として処理します。税込経理ではこうした区別は不要で、決算の際に税額が確定したら「租税公課」として処理します。

MEMO　課税事業者になるときの選択　免税事業者がインボイス制度を機に課税事業者になる場合、慣れている税込経理のほうが移行はスムーズ。決算時の税額計算について確認しておこう。

税込経理と税抜経理の比較

税込経理	税抜経理
帳簿には、本体価格に消費税を加えた「消費税込み」の金額を入力する。 ・決算で税額を算出して、帳簿にその金額を入力する（勘定科目は「租税公課」*）。 ＊還付を受ける場合は「雑収入」。	帳簿には、本体価格（「消費税抜き」の金額）と消費税を別に入力する。 ・受け取った消費税の勘定科目は「仮受消費税」、支払った消費税の勘定科目は「仮払消費税」。 ・決算で「仮受消費税」と「仮払消費税」の差額を算出して、帳簿に入力する（勘定科目は「未払消費税」*）。 ＊還付を受ける場合は「未収消費税」。

	税込経理	税抜経理
メリット	入力に手間がかからず、集計もしやすい。	年の途中でも、売上や仕入を正確に把握できる。
デメリット	売上や仕入の金額が大きく見えるため、実際の利益などがつかみづらい。	入力や集計に手間がかかる。 **POINT** **会計ソフトによる自動計算なら手間はあまり変わらない。**

課税
事業者　▶　税込経理 / 税抜経理　｝どちらでも選べる

免税
事業者　▶　税込経理　のみ（決算時の処理も不要）

課税期間を短くする
メリットとは?

　納める消費税額を計算する期間を「課税期間」といいます。課税期間は通常1年間ですが(個人事業では1月1日〜12月31日)、「消費税課税期間特例選択・変更届出書」の提出により、1か月または3か月に短縮できます(課税期間短縮の特例)。

　課税期間を短縮することのメリットは、消費税の還付(→128ページ)を早く受けられることです。たとえば、輸出をメインとする事業者(課税売上が少ない)が利用するほか、大きな設備投資をしたとき(課税仕入が多い)に活用できます。

　また、免税事業者や簡易課税制度を受けている事業者が還付を受けるためには、課税事業者になるか一般課税に戻る届け出が必要です。いずれも変更は翌年から、還付を受けられるのは次の申告(翌々年の3月31日)の後になりますが、これらの届け出とともに課税期間を短縮することで、還付時期を早められます。ただし、課税期間終了の都度申告が必要となり、経理事務は煩雑になります＊。

課税期間短縮の例

個人事業者が消費税の還付を早く受けるため、
課税期間を3か月に短縮する場合。

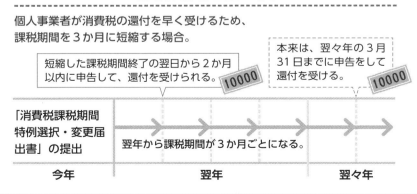

本来は、翌々年の3月31日までに申告をして還付を受ける。

短縮した課税期間終了の翌日から2か月以内に申告して、還付を受けられる。

「消費税課税期間特例選択・変更届出書」の提出

翌年から課税期間が3か月ごとになる。

今年　　　　　翌年　　　　　翌々年

＊ 「消費税課税期間特例選択不適用届出書」の提出により、短縮をやめることができる。
　 ただし、適用を選択してから2年間はやめられない。

パート2

これならわかる インボイス制度の しくみと実践

このパートで取り上げる内容

このパートで、インボイス制度の内容とその新しいルールの基本を、しっかり押さえることができます!

取引先に消費税を 正しく伝えるしくみ

項目の まとめ | インボイス制度は、取引先に正確な適用税率や消費税額等を伝える しくみ。納めるべき消費税額を正しく計算できる。

令和5年は「インボイス元年」

　インボイス制度とは、消費税の税率や税額などを正確に記載した「インボイス（適格請求書)」を発行、保存する制度です。正式名称を「適格請求書等保存方式」といいます。

　現在、消費税率は標準税率（10%）と軽減税率（8%）が混在しています。そこで、事業者同士が取引に含まれている消費税額や適用税率などを正確に伝えることで、正しい納税を促すことが目的です。令和5年10月1日にスタートします。

インボイス発行には登録が必要

　インボイスの発行や保存が、消費税の計算で仕入税額控除（→44ページ）の適用を受けるための条件となります。インボイスではない請求書などのやりとりでは、原則として仕入税額控除を受けられなくなります。

　インボイスを発行するためには、税務署に登録を申請して、インボイス発行事業者になることが必要です。ただし登録できるのは、消費税を申告して納める課税事業者（→36ページ）に限られます。消費税の負担を免除されている免税事業者はなることができません。

　とはいえ、インボイス発行事業者になることは強制ではありません。事業者自身の判断で決めることができます。

> **MEMO** **インボイス制度と消費税**　インボイス制度は「消費税」に関する事業者のルール。インボイス制度とのかかわり方で、消費税の処理のしかたが変わり、納付する消費税額にも影響する。

インボイス制度の基本的なしくみを押さえる

税務署

取引先
（課税事業者）

令和5年10月1日
以後の取引

申請してインボイス
制度の登録を受ける
（インボイス発行事
業者になる）。

↑申請

Ⓣ ┈┈┈

**インボイス
（適格請求書）**

「Ｔ」＋13ケタの数字による登録
番号（→62ページ）、適用税率、
税率ごとの消費税額を明記する。

事業者
（課税事業者）

注意！
請求書などがインボイスで
ないと、その取引で仕入税
額控除が受けられない。

注意！
インボイス制度に登録でき
るのは課税事業者のみ。免
税事業者は課税事業者にな
る必要がある。

令和5年10月1日 スタート

ただし、インボイス制度への登録は制度開始後でもできる。

制度の大きな目的は、消費税
の適用税率について請求書な
どへの正確な記載により、適正
な消費税納付を促すことです。

注・本書では見た目のわかりやすさのため、インボイスのアイコンとして文書にＴの文字をつけてい
る（TAXの略。登録番号の頭の文字）。

パート**2** これならわかる　インボイス制度のしくみと実践

登録した事業者だけが インボイスを発行できる

項目の まとめ	インボイス発行事業者になればインボイスを発行できる。経理業務などの変化にはしっかり対応する。

課税事業者がインボイス発行事業者になれる

インボイスを発行できるのは、インボイス発行事業者（適格請求書発行事業者）です。インボイス発行事業者になるには、課税事業者であることが必要です。

インボイス制度に登録してインボイス発行事業者になると、事業で何がどのように変わって、どんな準備が必要なのか確認しておきましょう。

経理業務の負担増に備える

取引で使用する請求書などの関係書類は、インボイスに対応したフォーマットへの変更が必要です。帳簿入力や経理業務の流れも見直します。会計ソフトや経理システムの変更・導入なども必要かもしれません。

免税事業者がインボイス発行事業者になる場合は、これまで必要がなかった消費税に関する業務（帳簿での処理、税額の計算・納税など）が発生します。 経理業務の見直しだけでなく、申告や納税の手順も確認します。納めることになる消費税額も、試算して資金対策をしておきます。

インボイス発行事業者は、取引相手から求められたときはインボイスを発行して、その写しを保存しなければなりません。また、インボイスを受け取ったときはそのインボイスを保存しなければなりません。インボイスの発行や保存方法についても、迷わないよう決めておきます。

> **MEMO** **免税事業者の変化** 免税事業者のままならインボイスを発行しないため、経理業務などに特に変化はない。ただし、インボイス発行事業者との取引の変化に要注意（→94ページ）。

インボイス発行事業者になったとき

登録は課税事業者であることが条件

課税事業者	免税事業者

消費税の申告・納付を行う
事業者

消費税の申告・納付を
免除されている事業者

インボイス発行事業者
になれる（インボイス
を発行できる）。

インボイス発行事業者
になれない（インボイ
スは発行できない）。

インボイス発行事業者になるための準備

☐ 請求書など、取引に関連する書類のフォーマットを変更する。

☐ 消費税の基本知識を身につけ、帳簿入力や経理業務などを
見直す。

☐ 消費税の申告や納付への対応を準備する。

インボイス発行事業者としての義務

インボイスを発行する（取引相手に求められた場合）。

発行したインボイスは写しを保存する。

**インボイスを受け取ったときは、
内容を確認・チェックして保存する。**

請求書など消費税のかかわる書類はすべて確認する

項目のまとめ	インボイスは「請求書」とは限らない。必要な記載事項を確認しよう。登録番号の記載は必須。

「納品書」や「領収書」であることも

　インボイス（適格請求書）は、商品やサービスを売る側が買う側に対して、その取引金額の正しい適用税率や消費税額を伝える書類です。請求書とは限らず、納品書、領収書、レシートなど、名称によらずさまざまな文書がインボイスとなります。フォーマットが定められているわけではないので、必要事項の記載があれば、どんな様式でもかまいません。電子データによるやりとりも認められます（電子インボイス→80ページ）。

必ず登録番号を記載する

　インボイスに必要な記載事項は、右ページのようになっています。これまで課税事業者に義務づけられていた、軽減税率をあきらかにする区分経理による「区分記載請求書」の記載事項に加えて、**事業者ごとの登録番号（適格請求書発行事業者登録番号）、および取引の合計金額について、適用税率と税率ごとの消費税額を記載します**（右ページ「NEW」の項目）。

　登録番号とは、インボイス制度への登録により事業者ごとに割りふられる「Ｔ＋13ケタの数字」です。登録番号の記載が正しいインボイスであることを証明するもので、間違いや記載もれは厳禁です。

　取引にはさまざまな形があるため、インボイスにも多様な形式が認められます。事業内容に合わせて、必要な記載ポイントを押さえておきましょう。

> **MEMO** **軽減税率がない場合のインボイス**　取引に軽減税率を含まないインボイスでは、適用税率ごとの区別などが不要であるため、軽減税率のための記載欄などは設けなくてもよい。

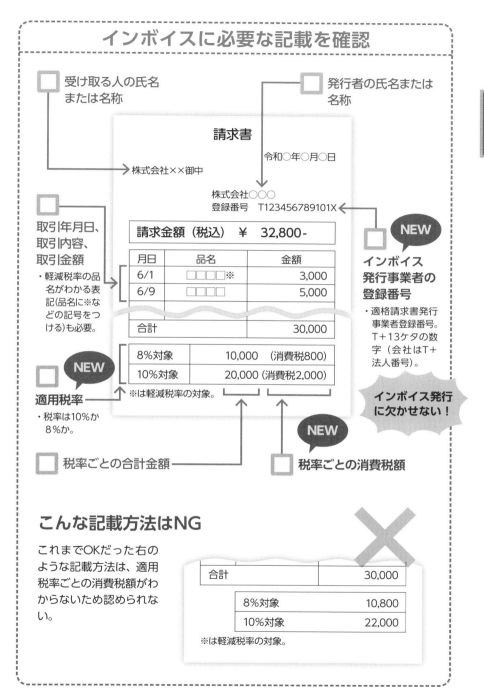

インボイスに必要な記載を確認

□ 受け取る人の氏名 または名称

□ 発行者の氏名または 名称

請求書

令和○年○月○日

株式会社×× 御中

株式会社○○○
登録番号　T123456789101X

□ 取引年月日、
取引内容、
取引金額

・軽減税率の品名がわかる表記(品名に※などの記号をつける)も必要。

□ **NEW**
インボイス発行事業者の登録番号

・適格請求書発行事業者登録番号。T+13ケタの数字(会社はT+法人番号)。

請求金額（税込）　¥	32,800-

月日	品名	金額
6/1	□□□□※	3,000
6/9	□□□□	5,000
合計		30,000

8%対象	10,000	（消費税800）
10%対象	20,000	（消費税2,000）

※は軽減税率の対象。

インボイス発行に欠かせない！

□ **NEW**
適用税率

・税率は10%か8%か。

□ 税率ごとの合計金額

□ **NEW**
税率ごとの消費税額

こんな記載方法はNG

これまでOKだった右のような記載方法は、適用税率ごとの消費税額がわからないため認められない。

合計	30,000

8%対象	10,800
10%対象	22,000

※は軽減税率の対象。

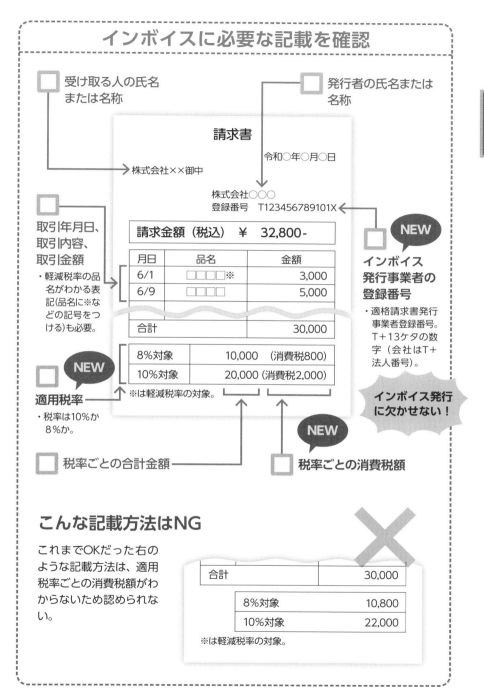

こんなインボイスもある①

複数の書類でインボイスの条件を満たしてもよい

取引ごとに納品書、月ごとにまとめて請求書を発行するような場合、書類の関連性がわかれば、両方の記載事項を合わせて1つのインボイスにできる。どちらも保存すること。

例 番号などで関連をあきらかにするのがポイント

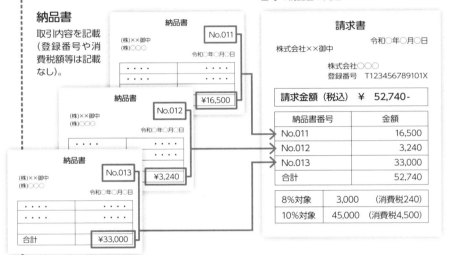

納品書
取引内容を記載（登録番号や消費税額等は記載なし）。

納品書
(株)××御中
(株)○○○
No.011
令和○年○月○日
・・・・ / ・・・・
・・・・ / ・・・・
¥16,500

納品書
(株)××御中
(株)○○○
No.012
令和○年○月○日
・・・・ / ・・・・
¥3,240

納品書
(株)××御中
(株)○○○
No.013
令和○年○月○日
・・・・ / ・・・・
・・・・ / ・・・・
合計 / ¥33,000

請求書
登録番号や税率ごとの消費税額などを記載。番号で納品書と関連づける。

請求書
令和○年○月○日
株式会社××御中
株式会社○○○
登録番号　T123456789101X

請求金額（税込）　¥　52,740-

納品書番号	金額
No.011	16,500
No.012	3,240
No.013	33,000
合計	52,740

8%対象	3,000	（消費税240）
10%対象	45,000	（消費税4,500）

両方の書類で要件を満たせば、インボイスとして認められる。

ひとくちコラム

クレジットカードの明細書などは要注意

　クレジットカード利用時に受け取る「売上票」や後日発行される「利用明細書」などは、通常インボイスの要件を満たしておらず、仕入税額控除が受けられないため、記載事項を満たしたレシートなどと一緒に保存します。なお、1万円未満の取引ならインボイスがなくても控除できます（→86ページ）。

こんなインボイスもある②

買う側が発行するケースもある

消化仕入（商品などを預かって、売れたときに仕入とする取引）などでは、買う側が発行する「仕入明細書」等をインボイスとして扱える。ただし、売る側の承諾を受けることが条件。

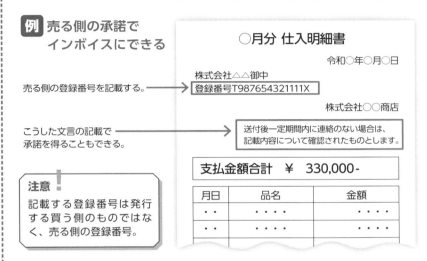

例 売る側の承諾でインボイスにできる

売る側の登録番号を記載する。→

こうした文言の記載で承諾を得ることもできる。→

注意！
記載する登録番号は発行する買う側のものではなく、売る側の登録番号。

○月分 仕入明細書

令和○年○月○日

株式会社△△御中
登録番号T987654321111X

株式会社○○商店

送付後一定期間内に連絡のない場合は、記載内容について確認されたものとします。

支払金額合計	¥ 330,000-

月日	品名	金額
・・	・・・・	・・・・
・・	・・・・	・・・・

口座振替（家賃など）は契約書などを利用する

口座振替や振り込みによる家賃（店舗や事務所）などは、取引相手との契約書と振り込み記録のある預金通帳などを合わせてインボイスとして扱える。

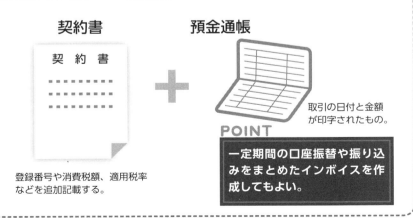

契約書

契 約 書

登録番号や消費税額、適用税率などを追加記載する。

預金通帳

取引の日付と金額が印字されたもの。

POINT

一定期間の口座振替や振り込みをまとめたインボイスを作成してもよい。

レシートなどは記載ルールが緩和される場合あり

項目の まとめ	小売店や飲食店など不特定多数と取引する業種には、記載事項の少ない簡易インボイスの発行が認められる。

インボイスの記載事項は省略できることがある

　インボイスと認められるには、62ページの記載事項すべてが必要です。しかし、スーパーやコンビニ、タクシーなど、日々おおぜいの顧客とお金のやりとり（取引）を行うような業種では、インボイス発行のために、そのつど取引相手の氏名や名称を確認するのは現実的ではありません。そこで、こうした一定業種では、**インボイスを受け取る相手の氏名（名称）の記載を省略できます。これを簡易インボイス（適格簡易請求書）といいます。**

　さらに簡易インボイスでは、消費税の適用税率と税率ごとの消費税額のどちらかだけの記載でかまいません（両方記載してもよい）。

不特定多数との取引かどうか

　簡易インボイスを発行できるのは、**インボイス発行事業者のうち、「小売業」「飲食店業」「写真業」「旅行業」「タクシー業」「駐車場業」「その他、不特定多数の人と取引する業種」**です＊。駐車場業は、コインパーキングなど不特定多数に貸す場合に限られます。特定の人に貸す月極駐車場などは対象外です。

　こうした事業者から受け取ったレシートや領収書は、簡易インボイスの記載要件を満たしていれば仕入税額控除の対象になります。必要経費などは、簡易インボイスかどうか要チェックです。なお、レシートなどが簡易インボイスの要件を満たしていなくても必要経費にはできます。

> **MEMO** **手書きの領収書**　上記の事業者から受け取る手書きの領収書も簡易インボイスでよい。宛名は省略のほか「上様」でもOK。

＊該当するかはっきりしない場合は、税務署に問い合わせて確認する。

簡易インボイスを発行できる業種と記載ポイント

簡易インボイスが認められる業種

| 小売業 | 飲食店業 | 写真業 | 旅行業 |

| タクシー業 | 駐車場業 | その他、不特定多数の人と取引する業種 |

簡易インボイスの例とポイント（レシートの場合）

ABCスーパー

TEL 03-0000-0000
登録番号T123456788888X

令和○年○月○日

領収書

□□□□ 1点※	¥ 324
□□□□ 1点※	¥ 864
□□□□ 1点	¥ 550
合計	¥ 1,738

A

| 8%対象 | ¥1,188 |
| 10%対象 | ¥550 |

B

| （内消費税¥88） |
| （内消費税¥50） |

※は軽減税率対象品目。

受け取る相手の氏名や
名称を省略できる。

・領収書などでは「上様」なども可。
・登録番号は必須。

適用税率**A**、適用税率
ごとの消費税額**B**は、
どちらかを省略できる。

受け取ったときの
チェックも必要です。
要件を押さえておき
ましょう。

認められる記載例

「10%対象　○○円」
「○○円（10%消費税込み）」
「○○円（うち消費税額○○円）」

注・いずれも複数の税率がある場合は、
　それぞれ別に記載する

消費税計算の端数は
「インボイスごと」に処理する

１つのインボイスに税率10％と８％の商品が混在する場合は、税率ごとの合計で消費税額を計算して、それぞれ１円未満の端数処理をします。

インボイス制度には端数処理のルールがある

　請求書などで消費税の金額を計算する際、１円未満の端数が出ることもあります。端数処理には「切り捨て」「切り上げ」「四捨五入」などの方法がありますが、事業者の判断でどれを採用してもかまいません。これはインボイス制度以降も同じです。

　ただし、インボイス制度では「集計単位」にルールが設けられ、**消費税の端数は、１つのインボイスについて、適用税率ごとの合計額で処理します。**１つのインボイスに複数の商品やサービスが記載されており、標準税率10％と軽減税率８％が混在する場合は、適用税率ごとの金額を合計してから消費税額を計算します。１つの商品やサービスごとに端数処理を行うことは認められなくなります。

計算ルールを徹底する

　たとえば、１つのインボイスで税抜価格1059円と3241円の商品がある場合（税率10％）、合計4300円で消費税額を計算します。1059円と3241円それぞれで税額を計算してから合計するのはNGです。

　インボイス発行後にこの間違いが見つかった場合、修正インボイス（→76ページ）の発行が必要となります。業務の手間が増えることにもなるため、十分気をつけます。

MEMO **参考ならOK**　個々の商品などの消費税額は、取引先への「参考」として記載するのはかまわない。ただし、合計額の消費税額とは異なる場合があるため、混乱しないよう注意する。

インボイスの端数処理ルール

1つのインボイスごとに処理する

請求書

| 請求金額(税込) | ¥ 14,071- |

月日	品名	金額
10/ 3	□□□□	2,465
10/ 8	□□□□	4,453
10/15	□□□□	2,554
10/20	□□□□	3,320

8%対象	
10%対象	12,792 (消費税1,279)

※は軽減税率の対象。

合計額について消費税額を計算して、端数を処理する。

【左の例の場合】

12,792×10/100=1279.2
▶ **消費税額1,279円**
(小数点以下切り捨て)

合計額で端数を処理する。

1品目ごとに消費税額を計算・端数を処理して、その後合計することは認められない。

税率が複数なら、税率ごとに処理する

請求書

| 請求金額(税込) | ¥ 13,932- |

月日	品名	金額
10/ 3	□□□□※	2,465
10/ 8	□□□※	4,453
10/□□	□□□	2,554
	□□□	3,320

8%の合計額で端数を処理する。

8%対象	6,918	(消費税553)
10%対象	5,874	(消費税587)

※は軽減税率の対象。

1つのインボイスに軽減税率8%と標準税率10%がある場合、それぞれの合計額で消費税額を計算して端数を処理する。

【左の例の場合】

6,918×8/100=553.44
▶ **553円 (小数点以下切り捨て)**
5,874×10/100=587.4
▶ **587円 (小数点以下切り捨て)**
553円+587円=1,140
▶ **消費税額1,140円**

10%の合計額で端数を処理する。

インボイスの登録番号などは国税庁のサイトで公表される

項目の まとめ	取引先がインボイス発行事業者かどうか確認するには、誰でも見られる「適格請求書発行事業者公表サイト」にアクセスする。

登録番号は必ず確認する

　課税事業者がインボイス発行事業者になるには、税務署に申請が必要です。税務署は審査の上、事業者に登録番号を通知します。このとき、**登録番号などの情報が国税庁の「適格請求書発行事業者公表サイト」で公表され、誰でもアクセスすることができます。**

　ある事業者の発行した請求書などが正しいインボイスであるかどうかは、請求書などに記載された登録番号をこのサイトで調べます。パソコンやスマホなどで13ケタの登録番号を検索画面に入力すれば、正しい登録番号かどうか、取引時点で有効な番号かどうか確認できます。

公表される事項は限定されていることも

　公表される事項は、「事業者の氏名または名称」「(法人の場合)本店または事務所所在地」「登録番号」のほか、登録された年月日、登録が取り消されたり失効した年月日です。

　個人事業者の屋号や事務所の所在地は、個人情報保護の観点から公開されません(事業者から公表の申し出があった場合のみ公表)。

　なお、事業者が公表内容や登録情報を変更する場合は、税務署に「適格請求書発行事業者登録簿の登載事項変更届出書」を提出します。また、いったん通知された登録番号の変更はできません。

> **MEMO** **旧姓の使用** 結婚などで氏名が変わると上記の「変更届出書」を提出するが、引き続き旧姓を使いたい場合、住民票に旧姓が併記されていれば、上記の申出書により可能。

適格請求書発行事業者公表サイトの使い方

トップ画面（https://www.invoice-kohyo.nta.go.jp/）

1

確認したい登録番号を入力して（「T」は不要）、「検索」ボタンをクリックする。

・一度に10件まで。
・氏名や名称などからの検索はできない。
・複数の登録番号を検索した場合は「検索結果一覧画面」が表示される。それぞれの事業者の「詳細等」ボタンをクリックする。

2

事業者の公表情報が表示される。

検索結果詳細画面（公表情報）

公表される事項

登録番号／事業者の氏名または名称／（法人の場合）本店または事務所所在地／登録年月日／登録取消年月日、登録失効年月日

事業者の申し出により公表される事項*

個人事業者の屋号や事務所の所在地

* 「適格請求書発行事業者の公表事項の公表（変更）申出書」を提出する。

受け取ったインボイスはまず記載内容をチェックする

項目の まとめ	受け取ったインボイスは記載内容を確認して帳簿に入力後、適切に保存する。インボイス制度以降の確認事項の変化に注意する。

チェックする項目は増える

取引先などからインボイスを受け取ったら、記載内容に間違いや不足がないかをチェックします。インボイス制度による追加項目である登録番号の記載があるか、正しい番号であるか、消費税の適用税率と適用税率ごとの消費税額の記載は正しいか、よく確認しましょう。**間違いや抜けがあると、そのインボイスについて仕入税額控除を受けられません。**

受け取ったインボイスは必要な情報を帳簿に入力した上で、その帳簿と合わせて7年間*保存しなければなりません（→78ページ）。

適用される特例なども確認する

受け取った請求書や領収書は、登録番号の有無などにより、インボイスとインボイス以外に区別して管理する必要があります。帳簿にもその区別がわかるように入力します。

また、帳簿などにはインボイス制度の軽減措置（2割特例や少額特例など）についても記載が必要です。免税事業者との取引では経過措置の適用（→82ページ）も確認します。経理業務は以前より煩雑になるため、見落としなどがないよう注意しましょう。

こうした経理業務の手間を減らすためには、簡易課税制度を選ぶことも考えられます（→102ページ）。

> **MEMO** **必要経費の仕入税額控除** 3万円未満の一定の交通費など、インボイスがなくても仕入税額控除が認められるケースがある（→84ページ）。その範囲などを把握してもれなく対応を。

*翌年（課税期間）の初日から2か月を経過した日から。

インボイスを受け取るときのチェックポイント

☐ **(取引前に)相手は
課税事業者か
免税事業者か**
→ 免税事業者
との取引なら
→ 仕入税額控除
不可＊
＊6年間の経過措置
あり(→82ページ)。

☐ **登録番号は
正しいか**
・適格請求書発行事業
者公表サイトで確認
する。
→ 登録番号が
正しくない
または
記載がない
→ 仕入税額控除
不可

☐ **記載内容に間違い
や抜けはないか**
・間違いなどがあれば
再発行(修正インボ
イス)を依頼する。
→ 間違ったまま
のインボイス
→ 仕入税額控除
不可

☐ **正しく記録・
保存しているか**
・請求書等はインボイ
スかどうかで区別し
て、帳簿に記録・保
存する。
・インボイスの保存期
間は7年間。
→ インボイスや
帳簿を保存し
ていない
→ 仕入税額控除
不可

POINT

**簡易課税制度の適用を受けていれ
ば、課税仕入についてインボイス
のチェックや保存は不要になる。**

返品や値引きなどがあった場合はインボイスを出し直す

項目の
まとめ | インボイス発行後に返品や値引きなどが発生して、取引内容に変更があった場合は返還インボイスを発行する。

取引内容が変わればインボイスも再度必要

取引を行ってインボイスを発行した後に、その取引について値引きをしたり、返品を受けたりすることがあります。この場合、**売る側（発行側）は、変更の内容をあきらかにしたインボイスを発行しなければなりません。これを「返還インボイス（適格返還請求書）」といいます。**

割戻金（多く販売してもらった場合などに支払う販売奨励金や報奨金、一定条件で売掛金を割り引く売上割引など）も、名称にかかわらず返還インボイスの発行対象です。

返還インボイスがなければ、買う側はその取引について、正しい課税仕入の金額や仕入税額控除を計算できません。返金などがあったときには、すみやかに発行しましょう。

返還インボイス作成のポイント

返還インボイスには、**返品などを行った年月日やその内容や金額、通常のインボイスと同じようにインボイス発行事業者の登録番号が必要です。適用税率と適用税率ごとの消費税額はどちらかだけでもかまいません。**

インボイスと返還インボイスは、一つの書面で発行することも認められます。たとえば、次回請求時のインボイスに、前回取引分の返金などの内容を追加記載するなどです。返金分の金額を請求分と相殺してもかまいません。

MEMO **振込手数料** 買い手側が入金時に請求額とは別に振込手数料を差し引いた場合、本来はその金額のインボイスが必要だが、少額特例（→86ページ）によりインボイス発行を省略できる。

74

返還インボイスが必要なケースと発行例

売る側

取引により
インボイスを発行。

買う側

取引後に返品を受けた、値引きをした
など、取引内容（金額）に変更が発生。

金額（税額）の変更をあきらかにした
返還インボイスを発行する。

返還インボイスの名称は変
更の内容による。「支払明
細書」「値引き明細書」「販
売奨励金明細書」など。

返還インボイスの例

返品を受けて返金する場合（「支払
明細書」として作成・発行する）

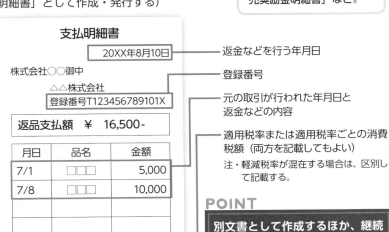

支払明細書

20XX年8月10日 ── 返金などを行う年月日

株式会社○○御中

△△株式会社
登録番号T123456789101X ── 登録番号

返品支払額 ￥ 16,500- ── 元の取引が行われた年月日と
返金などの内容

月日	品名	金額
7/1	□□□	5,000
7/8	□□□	10,000

適用税率または適用税率ごとの消費
税額（両方を記載してもよい）

注・軽減税率が混在する場合は、区別し
て記載する。

| 10%対象 | 15,000 | （消費税1,500） |

POINT

別文書として作成するほか、継続
する取引相手なら、次回のインボ
イスと１枚にまとめる方法もある。

インボイスの修正（修正インボイス）

インボイスの間違いは発行側が修正する

項目の
まとめ | インボイスに誤りがあった場合、そのインボイスを発行した側に修正インボイスの発行義務がある。作成の方法は2つ。

インボイスは発行側がつくるもの

インボイスに記載ミスや計算間違いが見つかることもあるでしょう。この場合、**インボイスを発行した側がインボイスを修正して再発行しなければなりません。これを修正インボイスといいます。**簡易インボイスや返還インボイスに誤りがあったときも同様です。

小さな間違いでも、受け取った側が追記や修正を行うことは禁じられています。作成時に十分気をつけましょう。

修正インボイスも保存が必須

修正インボイスの作成には、次の2つの方法があります。**🅐間違った部分を修正してインボイス全体を再発行する。🅑元のインボイスとの関連を明記した上で、間違いの箇所と正しい箇所を併記した書類を発行する。**修正インボイスの発行日付は、元のインボイスと同じでかまいません。別フォーマットを作成することになる🅑は、やや面倒かもしれません。

いずれの方法であれ、発行側は元のインボイスの写しと修正インボイスの写しの両方を保存します。受け取った側は、🅐なら修正インボイスのみを保存、🅑ならどちらも保存します。

発行側、受け取った側によらず、誤りなどに気づいたら早急に相手に連絡して、修正インボイスのやりとりをしましょう。

MEMO | **二重請求を防ぐ** 修正インボイス発行による二重請求防止には、修正インボイスに「再発行」のスタンプを押すなどして、元のインボイスとの区別を明確に示しておくとよい。

修正インボイスの発行のしかたは2つ

発行したインボイスに間違いがあった

請求書

20XX年3月1日

株式会社○○御中

△△株式会社
登録番号T123456789101X

月日	品名	金額
2/1	□□□	20,000
2/8	□□□	10,000

10%対象	20,000	(消費税2,000)

✕ 間違っているところ

Ⓐ 全体を再発行する

「修正」などの
文言をつける。

↓

請求書＜修正＞

20XX年3月1日

株式会社○○御中

△△株式会社
登録番号T123456789101X

月日	品名	金額
2/1	□□□	20,000
2/8	□□□	10,000

10%対象	30,000	(消費税3,000)

間違っているところを修正する。

Ⓑ 修正内容を明示した文書を発行する

修正事項通知

20XX年8月10日

株式会社○○御中

△△株式会社

20XX年3月1日付2月分請求書について、
下記の誤りがありましたので修正いたします。

【正】

10%対象	30,000	(消費税3,000)

【誤】

10%対象	20,000	(消費税2,000)

先の請求書と合わせて保存をお願いします。

元の請求書との関連を
明確にする文言を入れる。

> 発行した側、受け取った側とも、修正インボイスを保存します。Ⓑは元のインボイスをセットにして保存します（発行側はいずれも写し）。

77

インボイスの保存

インボイスは７年間 保存しなければならない

項目の まとめ	発行されたインボイスは紙であれ電子データであれ、発行側も受け取った側も適切に保存しなければ、仕入税額控除を受けられない。

発行側も受け取った側も保存する

　インボイスは発行して終わりではありません。**発行側は発行したインボイスの写しを保存しなければなりません。また、受け取った側は受け取ったインボイスを保存しなければなりません。これが仕入税額控除を受けるための条件の１つになります。**

　これまでは記載金額が３万円未満なら、仕入税額控除に請求書等の保存義務はありませんでしたが、インボイス制度では金額に関係なく保存が必要です（一定の取引には例外あり→84、86ページ）。

　保存する期間は原則として７年間です。請求書の発行日や受領日からではなく、翌年初日から２か月を経過した日から起算した期間です。

紙とデータでは保存ルールが異なる

　紙のインボイスは、紙のままで保存するほか、作成データによる保存（発行側）やスキャンしてデータ保存することも認められます。ただし、データによる保存なら「電子帳簿保存法（電帳法）」の要件を満たす必要があります（→108ページ）。

　データによるインボイス（電子インボイス）は、出力して紙による保存もできますが、令和６年１月以降は、原則としてデータのまま保存する必要があります＊。

MEMO	**保存のポイント**　保存方法は、税務調査などで必要になった際、すぐ探せることが重要。データなら比較的管理しやすいが、紙の場合は年ごとの分類など工夫する。

＊「相当の理由」がある場合は猶予される。

発行側と受け取った側どちらも要保存

発行した
インボイスの写し

受け取った
インボイス

7年間保存する

翌年（課税期間）の初日から
2か月を経過した日から7年間。

保存されていないと、
仕入税額控除を
受けられない。

インボイス保存のポイント

紙の場合	**発行した側** コピーや出力により紙で保存するか、データ作成ならデータのまま保存する。 **受け取った側** 受け取った原本を保存するか、PDFやスキャンデータなどにして保存する。
メール添付、インターネット経由などの場合（電子インボイス）	**発行した側／受け取った側** 電子データによる保存が原則。一定の場合、紙に出力して保存することも認められる。 **注意** 令和6年1月から電子インボイスのデータ保存が義務化される（ただし、「相当の理由」がある場合は猶予される）。

注・電子データで保存する場合は、電子帳簿保存法のルールに従うことが必要。

電子データのやりとりで インボイスを実践できる

インボイスは、電子データによるやりとりや保存が認められます（電子インボイス）。電子インボイスでは、保存ルールに注意が必要です。

「電子インボイス」を活用できる

インボイスは電子データでもやりとりできます。必要な記載事項などは紙のインボイスと同じです。**インボイスを電子データ化するしくみを含めて「電子インボイス」といいます。**

電子インボイスの方法として多いのは、電子メールによるPDFファイルなどの送付ですが、EDI取引（取引先との受発注を専用のオンラインシステムで行う取引）による交付、光ディスクや磁気テープなどによる発行、インターネット上のサイトなどを利用した送付などもあります。

電子データはやりとりがスピーディで保存・管理もしやすく、すでに実践している事業者も多いでしょう。ただし、後で改ざんできないような措置やチェックしやすいしくみづくりが必要です。

今後の動向に注意する

電子インボイスによる電子データは、そのまま電子データによる保存が認められますが、やはり7年間の保存義務があります。**電子データによる保存では、電子帳簿保存法（電帳法→108ページ）のルールに従う必要があります。**

電帳法は、帳簿や取引による文書の電子データの保存などを定めた法律です。電子インボイスのデータ保存は令和6年1月から義務化されますが、「相当の理由」により猶予されます。今後の動向に注意しておきましょう。

MEMO EIPA（エイパ。デジタルインボイス推進協議会）　電子インボイスの標準的なシステムを作成するとともに普及・促進をめざす団体。電子インボイスの動向に大きくかかわる。

電子インボイスと「電帳法」のルール

電子インボイス

電子メールで交付する
（PDFファイルなど） ▶

EDI取引*により交付する
*受発注を専用のオンラインシ
ステムにより行う取引。 ▶

光ディスクや磁気テープな
どで発行する ▶

インターネットを通じて交
付する ▶

▼

電子インボイスの保存には「電子帳簿保存法（電帳法）」のルールがある

主な保存要件

・真実性が確保されている（タイムスタンプの付与、
　訂正や削除の防止措置など）
・一定の検索機能がある*
・使用システムの説明書などが用意されている
・税務調査などの際、データや出力紙の確認ができる

*基準期間の課税売上高が一定額以下（令和6年1月から
　5000万円）なら不要。

> **注意**
> 「相当の理由」が
> ある場合は、こう
> した要件への対応
> が猶予される。

POINT

この法律により、会計ソフトで作成した帳簿や書類のスキャナ保存にも
ルールが設けられている。

免税事業者の経過措置

免税事業者との仕入税額控除は６年かけて縮小されていく

項目の まとめ	インボイス制度開始後も、免税事業者との取引で課税事業者は一定割合の仕入税額控除の適用を受けられる。６年の限定措置。

経過措置は６年限定

インボイス制度開始以後、免税事業者はインボイスを発行できません。そのため免税事業者が行う取引では、原則として相手は仕入税額控除を使えなくなります。しかし、制度導入の急激な変化を緩和するため、**インボイス制度開始から６年間、課税事業者は免税事業者との取引（課税仕入）で、支払った消費税額の一定割合を控除できる経過措置が設けられます。**

制度開始から３年間（令和８年９月まで）は免税事業者に支払った消費税額の80％、次の３年間（令和11年９月まで）は支払った消費税額の50％を、消費税の計算で課税売上の消費税額から差し引くことができます。令和11年10月以降は、免税事業者との取引で完全に仕入税額控除を使えなくなります。

経過措置を受けるには、免税事業者は請求書に区分記載請求書（→62ページ）と同様の記載を行います。受け取った側は、帳簿などに「80％控除対象」など、軽減措置の対象であることを記載して保存します。

経過措置の期間を十分活用する

この経過措置により、課税事業者の消費税負担は軽減されます。そのため免税事業者は、これまで通りの取引を続けられる可能性も高くなります。ただし、**６年間の限定措置であるため、この期間中に取引の見直しなど、対応についての話し合いも必要です。**

> MEMO **経理業務は煩雑になる** 経過措置を受けるためには、課税事業者は請求書や帳簿などの区分管理や仕訳処理、80％または50％による税額計算などが必要となる。

免税事業者との取引は段階的に不利になる

その免税事業者との取引による
課税仕入の消費税額

例

ある免税事業者から
の課税仕入の
消費税額が
1万円の場合。

期間	控除割合	例
令和5年9月30日まで	100％控除できる	1万円を差し引ける。
令和5年10月1日〜令和8年9月30日（3年間）	80％控除できる 80％控除できる 80％控除できる	8000円を差し引ける。（1万円×80％＝8000円）
令和8年10月1日〜令和11年9月30日（3年間）	50％控除できる 50％控除できる 50％控除できる	5000円を差し引ける。（1万円×50％＝5000円）
令和11年10月1日以降	控除できない	その消費税額は差し引けない。

以降、免税事業者からの課税仕入は
仕入税額控除の対象外。

電車賃や自販機での支払いは インボイスが免除される

項目の まとめ	３万円未満の公共交通機関の運賃や自販機からの購入など、インボイスの発行や受け取りが困難な取引は、発行などが免除される。

該当する範囲に注意する

インボイス制度では、仕入税額控除を受けるために原則としてインボイスが必要です。しかし、**実際にはインボイスの発行や受け取りが難しい取引もあり、この場合はインボイスが免除されます。**

その１つが公共交通機関の運賃です。電車、バス、船舶で（特急料金や急行料金、寝台料金含む）、税込み３万円未満ならインボイス不要です。なお、金額は１回の取引ごとに判断します。たとえば１人分の運賃が１万円でも、４人分をまとめて購入して４万円になった場合はインボイスが必要です。

税込み３万円未満の自販機からの購入、コインロッカーやコインランドリーなどの利用もインボイスは不要です。ただし、セルフレジや自動券売機、コインパーキングの利用などは免除対象になりません。郵便サービスの利用は、切手等によるポスト投函ならインボイス不要です。その他、右ページのような取引はインボイス不要です。

帳簿への記載と保存は必要

いずれもインボイスがなくても仕入税額控除を受けられますが、**帳簿への記載と保存は必要です。** このときその取引について、「３万円未満の鉄道料金」「自販機利用」「入場券等」など、インボイス不要の取引である旨を記載しておきます。

> **MEMO** **入場料は対象外** 上記の公共交通機関の運賃は、「旅客の運送」に関する料金が対象。そのため、駅構内への入場料や手荷物の持ち込み料金などは当てはまらない。

＊切手の帳簿上の扱いは、原則として購入時は非課税（例・84円切手の消費税額０円）、使用時に課税となる（例・84円切手の消費税額７円）。帳簿への記載で、購入時に課税の扱いにすることもできる。

インボイスなしで仕入税額控除が認められる取引

金額の上限など

公共交通機関の運賃
● 電車、バス、船舶の1回当たりの支払い。
飛行機、タクシーは対象外。

3万円未満
（税込）

> **注意**
> 複数枚のチケットを一度に購入する場合は、合計額で判定する。

自販機からの購入など
● その他、コインロッカー、コインランドリー
など自動サービス機の利用。

3万円未満
（税込）

切手等により郵便ポストに投函されたもの

展示会、美術館などで、回収される入場券など
● 簡易インボイスの条件を満たすもの。

出張旅費（宿泊費や日当含む）、通勤手当など

一般的に必要と認められる金額

▼

インボイスがなくても仕入税額控除が受けられる（インボイスの発行が免除される）

注・これまで3万円未満の課税仕入や、やむを得ない理由で請求書を受け取れなかった
場合は仕入税額控除の適用を受けられたが、インボイス制度導入によりこのルール
は廃止される。

1万円未満の仕入や経費は6年間インボイスの保存が不要

項目の まとめ	インボイス制度による事業者の負担軽減のため、特例により1万円未満の取引は受け取ったインボイスの保存が不要になる。

しばらくの間、経理負担が軽くすむ

仕入税額控除の適用を受けるためには、原則として取引金額にかかわらず受け取ったインボイスの保存が必要です（一部例外あり→84ページ）。しかし、中小の会社や個人事業者にとって、インボイス制度に対応するための経理業務の増大は大きな負担です。

そこで、令和5年の税制改正で設けられたのが少額特例です。**基準期間の課税売上高が1億円以下の小規模な事業者なら、1件当たり税込み1万円未満の仕入や経費はインボイスの保存が免除されます。**帳簿への記載とその保存のみで、仕入税額控除の適用を受けることができます。

インボイス制度開始の令和5年10月から令和11年9月まで、6年間の限定措置です。少額の仕入のほか、備品や消耗品の購入、従業員の立替金の清算など必要経費について、一定期間インボイスにかかわる確認や経理業務を軽減できます。

少額の取引は返還インボイスも不要

また、**税込み1万円未満の少額な返品や値引き、割戻しなどについては、返還インボイスの発行が免除されます。**これは恒久措置で、適用期限がありません。たとえば、売る側が振込手数料を負担した場合などで返還インボイスをやりとりする必要がなくなります。やはり経理処理の軽減に役立ちます。

> **MEMO** **少額特例と免税事業者** 少額特例は免税事業者との取引にも適用される。そのため、1万円未満なら、免税事業者との取引も仕入税額控除の適用を受けられることになる。

少額特例は6年間適用される

特例の内容

1件1万円未満（税込み）の課税仕入なら、インボイスの保存は不要。帳簿への記載のみで仕入税額控除の対象になる。

POINT

1件1万円未満（税込み）の返品や値引きなどでは、返還インボイスが不要になる（恒久措置）。

保存の
必要なし

対象事業者

課税売上高1億円以下＊の個人事業者や会社

＊基準期間（前々年）の課税売上高。または特定期間（前年上半期）の課税売上高が5000万円以下かどうかで判断される。

特例の対象期間

インボイス制度開始から6年間

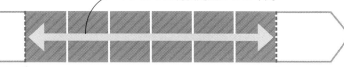

令和5年
10月1日
（インボイス制度
開始）

令和11年
9月30日

一定期間は、請求書がインボイスかどうか区別して管理する手間などを省くことができます。

一定の宅建業者やリサイクル業者などは特例あり

一般消費者から中古品を買い入れて販売するような業種なら、一定事項の帳簿記載で仕入税額控除の適用を受けられます。

中古品を扱う事業者はインボイス不要

　仕入を行う相手が個人など（消費者や免税事業者）である業種の場合、例外的にインボイスがなくても帳簿への記載と保存のみで、仕入税額控除を受けられます。

　一般の人などから中古物件を購入して販売する不動産業者（宅地建物取引業者）や、一般の人から中古品を買い入れて販売する古物商や質屋、リサイクルショップ、中古車販売店などです。いずれも取引相手の消費者（または免税事業者）がインボイスを発行できないため、本来はその仕入では仕入税額控除の適用を受けられません。

　そこで、**こうした一般の人などから仕入れた中古品などを扱う業者は、帳簿に一定の事項*を記載して保存することで仕入税額控除が認められます。これを古物商等の特例といいます。**

対象範囲などに注意

　対象となるのは、販売するために仕入れた古物などです。そのため、自分が利用したり消費したりする場合（貸付けを含む）は対象外です。また、仕入の相手がインボイス発行事業者ならインボイスが必要になるため、買い入れなどの際、インボイス発行事業者でないことを確認しなければなりません。

　この特例を使える事業者なら、免税事業者のままでよいかもしれません。

> **MEMO** **インボイス発行事業者かどうかのチェック**　古物等の買い入れ時に記入してもらう書類にインボイス発行事業者かどうかのチェック欄を設けるなど。

＊帳簿（総勘定元帳など）に「古物商（質屋）特例の対象となる旨」を記載する。

特例の対象となる事業者の例

ネットオークション
なども含まれる。

古物商や質屋

● 個人や免税事業者から、骨董品や古書、古着、中古車などを仕入れた場合。

● 個人や免税事業者からの質入れ。

宅地建物取引業者

● 不動産仲介業者などが、個人や免税事業者から中古住宅などを仕入れた場合。自分たちの居住用や賃貸目的である場合は対象外。

再生資源業事業者

● 不用品回収業者、リサイクルショップなどが、個人や免税事業者から販売のための古物や再生資源などを仕入れた場合。

該当するかどうか
よく確認しないと
いけませんね。

インボイスがなくても仕入税額控除を受けられる
（帳簿に記載して保存することが必要）

注意1
いずれも取引相手がインボイス発行事業者の場合は、インボイスの発行を受けて保存することが必要。

注意2
帳簿には以下の項目を記載する。
①仕入れた相手の氏名、住所
　（名称、所在地）
②仕入れた年月日
③仕入の内容と金額
④特例に該当する旨

インボイス制度への違反には罰則がある

項目の まとめ	インボイス制度に違反した事業者は、1年以下の懲役または50万円以下の罰金などを科せられる可能性がある。

ごまかしや嘘は許されない

　インボイス制度では、ルールを守らないと仕入税額控除を受けられません。さらに、インボイス発行事業者の登録を受けていないのに、架空の登録番号を使ってインボイスを勝手に発行した、インボイス発行事業者がインボイスに嘘の記載をしたといった悪質な違反行為が、税務調査などであきらかになった場合には、ペナルティとして**1年以下の懲役または50万円以下の罰金が科されることがあります**。インボイス発行事業者なら、登録が取り消されて2年間は再登録できなくなる可能性もあります。また、偽造されたインボイスを受け取って仕入税額控除を行った事業者は、偽造を知らなくても追徴課税を受けることがあります。

　その他、課税事業者が免税事業者に対して不利な取引やインボイス登録を強要した場合、優越的地位の濫用として、公正取引委員会などから勧告や指導を受けることがあります（→98ページ）。

ひとくちコラム

インボイスの登録が取り消されることもある

　インボイス発行事業者の登録は、上記の罰則を受けたとき以外でも取り消されることがあります。たとえば、その事業者が1年以上所在不明であるとき、事業を廃止したと認められるときなどです。なお、インボイス発行事業者が亡くなったときは、相続人が「適格請求書発行事業者の死亡届出書」を税務署に提出して、登録を失効させる必要があります。

不正には厳しいペナルティが設けられている

インボイス制度の違反の例

事業者同士の共謀により、偽のインボイス（取引の捏造、取引金額の水増しなど）を発行、受け取り側が仕入税額控除を受けた。

免税事業者が、他人の登録番号や架空の登録番号によって偽のインボイスを発行、取引の継続や消費税の詐取をはかった。

1年以下の懲役、または50万円以下の罰金

＋

- 罰則を科されてから2年間は、インボイスに再登録できない場合がある。
- インボイス発行事業者は、登録を取り消される場合がある。

仕入税額控除の適用が受けられなくなる

もし脱税に当たる場合、10年以下の懲役または1000万円以下の罰金が科されることだってあります！ 違反を甘く見てはいけません。

必要経費はインボイスの要不要などをしっかり理解する

　仕入のない事業では、仕入税額控除で差し引く課税仕入の消費税は、必要経費が中心となります。

　従業員に支給する通勤費や出張費・宿泊費、日当のうち通常必要と認められる部分、また公共交通機関の運賃や自販機からの購入については3万円未満（税込）であれば、帳簿への記載と保存により、インボイスがなくても仕入税額控除の対象となります（→84ページ）。

　また個人事業者や中小会社＊の場合、「少額特例」として1万円未満の課税仕入はインボイスの保存が不要です（帳簿に記載・保存する）（→86ページ）。ただし、インボイス制度開始から6年間の限定措置です。

　必要経費のインボイスの要不要やその確認方法などは、経理処理で混乱しないよう、ルールを決めて周知徹底しておきましょう。

必要経費のインボイスチェックポイント

☐ インボイスが必要な取引かどうか

☐ 領収書やレシートを受け取れない場合どうするか

☐ 少額特例に該当する取引かどうか

> それぞれ制度のしくみを確認して、ケースごとに対応のルールを決めておきましょう！

＊基準期間の課税売上高が1億円以下。または特定期間の課税売上高が5000万円以下。

パート **3**

課税事業者／免税事業者のメリットとデメリット

このパートで取り上げる内容

このパートでは、インボイス制度によって、取引がどう変わって、事業者はどう対応すればよいのかを確認できます。

売上が減る？
仕事がなくなる？

項目の まとめ	仕入税額控除にはインボイスが必要になるため、課税事業者と免税事業者の取引は「これまで通り」とはいかなくなることも。

納める税額が増える？

インボイス制度による最も重大な変化は、**消費税の仕入税額控除（→44ページ）の適用条件が「インボイスの発行や保存」になる**ことです。

消費税を納めておらず、仕入税額控除も受けていなかった免税事業者には関係がないようですが、取引相手が課税事業者の場合に問題が生じます。

たとえば、課税事業者が1万円の仕入をして消費税1000円を支払った場合、消費税額の計算の際、仕入税額控除により受け取った消費税から支払った消費税1000円を差し引くことができます。ところがインボイス制度後は、取引で受け取る請求書がインボイスでなければ、支払った消費税1000円を差し引けなくなります。インボイスを発行できない免税事業者との取引で、課税事業者の納める税額は多くなってしまうのです。

免税事業者は不利になる？

免税事業者は、課税事業者に取引の見直し（消費税分の値引きなど）を求められる可能性が高くなります。取引停止となることもありえます。こうしたことから、免税事業者は売上が減ることが考えられるのです。

これらを避けるため、免税事業者がインボイス発行事業者になると、消費税を納めなければならなくなり、経理負担が増えます。**インボイス制度は、多くの事業者にさまざまな影響をもたらすのです。**

> **MEMO** **課税事業者同士の取引** お互いがインボイス発行事業者になっていれば、引き続き問題なく仕入税額控除を受けられる。取引内容によるインボイスの要不要などには注意する。

免税事業者と課税事業者の取引はこう変わる

インボイス制度前

売る側

課税事業者、
免税事業者

商品など

請求書など

買う側

課税
事業者

支払い
（例・10万円の商品
なら1万円の消費税）

消費税の計算で1万円
を差し引ける（仕入税
額控除）

インボイス制度以降

売る側

課税事業者
（インボイス
発行事業者）

商品など

T インボイス

買う側

課税
事業者

支払い
（例・10万円の商品
なら1万円の消費税）

消費税の計算で1万円
を差し引ける（仕入税
額控除）

免税事業者

商品など

請求書など

課税
事業者

支払い
（例・10万円の商品
なら1万円の消費税）

消費税の計算で1万円を差
し引けない（原則として仕
入税額控除の対象外）

**免税事業者は、課税事業者（インボイス
発行事業者）になることも検討する。**

**課税事業者は、免税事業者との取引への
対応を検討する。**

課税事業者になると消費税を納めることになる

項目の まとめ	免税事業者はメリット・デメリットを見きわめて、課税事業者／免税事業者を選択する。

免税事業者を続けるかどうか

インボイス発行事業者になるかどうかは事業者の任意ですが、課税事業者はこれまでも区分経理を実践しており、特にデメリットはないため、基本的にはインボイス発行事業者になるのがよいでしょう。

免税事業者には、課税事業者になってインボイス制度に登録する、免税事業者のままで事業を続けるという選択肢があります。右ページのように、それぞれメリット・デメリットがあるため、よく検討することが必要です。必要なら取引先とも話し合います。すぐに結論が出なければ、免税事業者の仕入税額控除には6年間の経過措置があるため（→82ページ）、こうした措置を活用しながら、時間をかけて検討することもできます。

課税事業者になるとこんな変化がある

課税事業者になれば、取引先とこれまでと同じ取引を続けやすいでしょう。一方で、消費税の申告・納付義務が発生して、経理業務の負担が増えます。経理負担を軽減するためには、簡易課税制度の活用なども検討します。

登録した場合、いつまでにいくらぐらいの消費税を納めることになるか確認しましょう。納税資金の確保も必要です。

なお、課税事業者になっても、その後免税事業者に戻ることはできます（戻った場合、インボイスの発行はできなくなる）。

MEMO **益税が失われる** 免税事業者は取引で受け取った消費税を売上にできる（益税）。課税事業者になれば申告・納付が必要となり、益税が失われることもデメリットとなる。

インボイス制度以降の選択肢を理解する

免税事業者

選択肢 1

課税事業者（インボイス発行事業者）になる

- インボイスを発行できる。
- 取引先は仕入税額控除を受けられるため、これまで通りの取引を継続しやすい。
- 消費税を納めることになる（仕入税額控除を受けられる）。
- 新たな経理業務などが発生する。

ここを確認・検討

⬇

- インボイス発行事業者になると経理業務はどう変わるか？
- 納めることになる消費税額はどれくらいか？

チェック ✓

簡易課税制度の選択（→102ページ）や2割特例（→126ページ）を利用すれば、経理負担をある程度軽くできる。

選択肢 2

免税事業者を続ける

- インボイスを発行できない。
- 消費税の申告や納付は不要。新たな経理負担も発生しない。
- 取引先が仕入税額控除を受けられなくなるため、これまでの取引が見直され、売上減少などにつながる可能性がある。

ここを確認・検討

⬇

- インボイス制度以降、取引先との関係はどう変わるか？
- インボイス制度が売上にどう影響するか？

チェック ✓

免税事業者の仕入税額控除には、6年間の経過措置がある。

不利な取引の強要は
禁じられている

インボイス制度による今後の取引条件などの交渉は、強い立場にある側による
一方的なものであってはならない。

話し合いとお互いの納得が大切

　インボイス制度開始以後は、インボイス発行事業者（課税事業者）にとっ
て、仕入税額控除を使えない免税事業者との取引は不利なものになります。
インボイス制度をきっかけに、取引条件などの見直しやその交渉が行われる
こともあるでしょう。

　このとき取引で優位な立場にある課税事業者が、**一方的に取引条件を引き
下げたり、課税事業者になるよう強要したりすることは問題です。これは独
占禁止法や下請法により、「優越的地位の濫用」として禁じられています。**

　優越的地位の濫用となる行為には、右ページのようなものがあります。免
税事業者側が今後の取引への影響などへの不安から、こうした要請を受け入
れざるを得ない状況であることが条件となります。取引条件の引き下げなど
も、話し合いに基づき、両者が納得して行われるなら問題はありません。

公正取引委員会などに相談もできる

　課税事業者は、免税事業者との交渉の方法がこうした行為になっていない
か、十分注意しなければなりません。免税事業者も身を守るため、こうした
ルールをよく理解しておきましょう。

　取引先からの要請などに問題があると思われる場合には、各地域の公正取
引委員会や産業局などの窓口に相談することもできます。

> **MEMO** **勧告や指導が行われることも**　優越的地位の濫用に該当する行為があった場合、公正取引委員会により勧告や指導が行われることがある。罰金が科されることもある。

免税事業者に不利益を強いるのは法律違反

優越的地位の濫用

課税事業者が、免税事業者に対して取引で一方的な不利益を与えること。

取引で優位な立場にある課税事業者

取引価格を引き下げるなど **NG**

● 仕入税額控除が制限されることを理由に、一方的に価格の引き下げを求める。

● 価格据え置きの代わりに、別の商品などの購入などを求める、協賛金など金銭の負担を求める。

商品・サービスの受け取りを拒否する、返品する **NG**

● 購入などを契約した後、インボイス発行事業者でないことを理由に、商品などの受け取りを拒否する、返品する。

免税事業者

取引を停止する **NG**

● 一方的に価格の引き下げなどを求めて、応じないことを理由に取引を停止する。

インボイス制度への登録を強要する **NG**

● 取引継続や価格据え置きの条件として、課税事業者（インボイス発行事業者）になることを求める。

インボイス登録の有無が取引に影響しないこともある

項目の まとめ	取引でインボイスを求められない事業などでは、課税事業者になっ てインボイス制度に登録しなくてもかまわない。

インボイスを発行しないことがデメリットにならない

インボイス制度開始後、すべての事業者がインボイス発行事業者になるべきとは限りません。免税事業者のままで取引に影響しないケースもあります。

たとえば、一般消費者向けの事業です。顧客は仕入税額控除を受けないため、インボイスを求められることもありません。また、取引がほぼ非課税取引（→32ページ）なら、そもそも取引価格に消費税が上乗せされていません。簡易課税制度の適用を受けている取引先は、課税仕入を消費税の計算に使わないため（→102ページ）、特にインボイスを求められないでしょう。こうした場合などでは、インボイス発行事業者になる必要性は低いでしょう。

そのほか、免税事業者に特別なスキルがあるような場合は、免税事業者としてこれまで同様の取引を続けられる可能性もあります。

ただしこうしたケースでも、今後課税事業者と取引を始めたいといったときには不利になります。これからの事業の変化もよく考えておきましょう。

**ひとくち
コラム**

インボイスを免除される事業者も免税事業者のままでよい

限定されたケースですが、インボイスの発行・保存義務が免除された取引を行う事業者なら、課税事業者になる必要性は低いでしょう。取引相手はインボイスがなくても仕入税額控除ができるためです。

たとえば、卸売市場で生鮮食料品などを売買する事業者や、農林水産物の販売を農協などに委託している事業者、自販機サービスを営む事業者です。

こんな事業者は免税事業者のままでもOK

一般消費者向けの事業

取引相手のほぼすべてが個人または免税事業者なら、インボイスを発行する必要はない。

例

美容院、マッサージ店、スポーツジム、学習塾など。
ただしこうした事業でも、会社など課税事業者との取引があるなら登録を検討する。

取引がほぼ非課税取引

取引のほとんどに消費税が課税されないなら、課税事業者（インボイス発行事業者）になる必要性は低い。

例

医療や介護、学校教育に関する事業、居住用住宅の貸付けなど。
ただし、非課税取引の範囲に注意する。

取引先が簡易課税制度の適用を受けている

取引先が簡易課税制度を採用している場合は、仕入税額控除の計算でみなし仕入率を使うため、仕入についてインボイスを求められない（取引先に確認が必要）。

免税事業者に特別なスキルなどがある

免税事業者が他に取り替えのきかない技術を持っている場合などは、交渉などにより、免税事業者のままこれまで通りの取引を続けられる可能性もある。

売上を維持できるし、消費税も納めなくてすむのね。自分の事業内容をチェックして検討してみないと。

インボイスの登録をして簡易課税を選ぶ

項目の
まとめ

インボイス制度による経理負担の増加や売上の減少などは、簡易課税制度の採用で緩和できることがある。

経理負担を小さくできる

免税事業者がインボイス制度に登録するため課税事業者になる場合、簡易課税制度を検討してみましょう。簡易課税制度とは、消費税額を計算する際、仕入税額控除の計算に「みなし仕入率」を使う方法です（→46ページ）。課税仕入による消費税（支払った消費税）の集計や計算が不要となり、経理負担を軽減できます。また、課税仕入で受け取った請求書などは仕入税額控除の計算で用いないため、インボイスかどうかの確認が不要です。

みなし仕入率を使って計算した金額が、本来の課税仕入にかかる消費税額よりも多ければ税額も有利になります。

事前の試算などは欠かせない

ただし税額は、簡易課税制度のほうが多くなるケースもあります。また、簡易課税制度を選んでいる間は、課税仕入の集計をしないため消費税の還付も受けられません。事前に損得をよく確認しておきます。

なお、簡易課税制度を受けられるのは、基準期間の課税売上高が5000万円以下の事業者で、税務署への届け出が必要（→50ページ）です。通常届け出の翌年からの適用ですが、**免税事業者がインボイス制度に登録して、その年のうちに簡易課税制度の届け出を行った場合は、その年から簡易課税制度で消費税額を計算できます**（→146ページ）。

> **MEMO** **不動産賃貸業は簡易課税が有利？**　居住用住宅の賃貸は消費税が非課税で、消費税がかかるのは手数料や消耗品費程度。不動産賃貸はみなし仕入率40%なので、有利になることが多い。

簡易課税制度を選ぶメリット

1 **納める消費税額の計算が比較的簡単**

● 仕入について消費税を算出する必要がなく、
「課税売上の消費税額×みなし仕入率」という計算ですむ。

2 **受け取った請求書等がインボイスか
どうか確認不要**

● 仕入にかかる消費税は消費税の計算に使わないため、
請求書等がインボイスかどうか確認する必要がない。

3 **税額が有利になる場合がある**

● みなし仕入率で計算した金額のほうが、課税仕入に対する
消費税額より高い場合、より多くの金額を差し引ける。

簡易課税制度による税額を試算してみよう

▌条件▌ 課税売上2000万円、課税仕入800万円、軽減税率の取引なし、
簡易課税のみなし仕入率は50%

一般課税

課税売上
2000万円 ✕ 10% ＝ 受け取った
消費税額 **200万円**

課税仕入
800万円 ✕ 10% ＝ 支払った
消費税額 **80万円**

200万円－80万円 ＝ 納める消費税額 **120万円**

簡易課税

課税売上
2000万円 ✕ 10% ＝ 受け取った
消費税額 **200万円**

受け取った
消費税額
200万円 ✕ みなし
仕入率
50% ＝ **100万円**

200万円－100万円 ＝ 納める消費税額 **100万円**

この例では、簡易課税制度のほうが税額は少なくすむ。

会社にすること（法人化）も検討する

インボイス制度による事業環境の変化に対応する方法の1つに「法人化」があります。そのメリット・デメリットを知っておきましょう。

消費税の負担を軽減できる場合あり

　個人事業者はインボイス発行事業者として課税事業者になれば、正しく計算した消費税を納めることになります。それだけ税負担が大きくなることもあるでしょう。インボイス制度を機会に、法人化（会社を設立して事業を引き継ぐこと）を考えてみるのも1つの方法です。

　法人化すれば、社会的な信用が高まって事業を拡大しやすくなり、売上を増やせるかもしれません。また、より多くの節税対策を使えるようになるため（→右ページ）、消費税納付による売上減少を補填できるかもしれません。

　売上1000万円超なら法人化したほうがよいともいわれます。このあたりの売上から、所得税の税率より法人税の税率が低くなる可能性が高いためです。

さまざまな手間や費用が発生する

　とはいえ、法人化はよいことずくめではありません。経理業務や決算作業が増えて複雑となり、税務署とのやりとりも多くなります。担当する人を雇ったり税理士に依頼するなど、費用もかさむことになるでしょう。

　また、赤字になったとき、個人事業では所得税や住民税がかかりませんでしたが、会社では法人住民税の均等割を納めなければなりません（小規模法人で7万円程度）。その他、社会保険への加入も必須になります。税理士などにも相談して、メリットやデメリットをよく検討してみましょう。

> **MEMO** **消費税免税期間**　法人化した場合、設立後2年間は免税事業者として消費税が免除される*。ただし、インボイス発行には課税事業者になる必要があり、このメリットは受けられない。

＊資本金1000万円未満など一定条件あり（→36ページ）。

法人化による代表的なメリット

⭕ 社会的信用が高くなる

取引先を法人限定としているところも多く、取引できる範囲が広がる。金融機関などからも信用されやすい。

⭕ 利用できる節税対策が増える

たとえば、以下のような対策ができるようになる。

① 欠損金の繰越控除*の期間が長くなる

*赤字を翌年以降に繰り越して、翌年以降の利益と相殺できる制度。

個人事業 （青色申告）	対象期間 **3年**	→	法人	対象期間 **10年**

② 経営者の給与（役員報酬）や退職金が必要経費になる

個人 事業	経営者への給与や退職金は必要経費にならない（所得税の対象）。	→	法人	役員報酬は給与所得控除の対象となり、退職金は損金にできるため、必要経費として所得から差し引くことができる。

法人化

インボイス対応には 公的な援助がある

項目の まとめ | インボイス制度対応にかかる費用への補助金として、IT導入補助金 や小規模事業者持続化補助金などがある。

対応への資金不足の助けになる

インボイス制度に登録してインボイス発行事業者になるには、制度に対応した会計ソフトやシステムの導入、レジの更新など、さまざまな費用がかかることがあります。

小規模な事業者などに対しては、こうした負担を軽減するための補助金が用意されています。その代表的なものが、IT導入補助金と小規模事業者持続化補助金です。

応募方法や締め切りなどは早めにチェック

IT導入補助金とは、企業間取引のデジタル化を推進するための補助金です。インボイス制度に対応するための会計ソフトやレジの導入などに活用できます。補助金の額は導入する内容により異なりますが、令和5年の税制改正で補助金の下限が撤廃され、より使いやすくなりました。

小規模事業者持続化補助金は、事業の販路開拓などの資金を支援する補助金です。補助金の額は免税事業者からインボイス発行事業者になる場合なら、100万〜250万円です。

応募の方法や締め切りなどは、各地域の商工会議所や商工会のホームページなどで見られます。早めにチェックして申請方法などを確認します。ほかにも活用できる補助金や制度がないかも調べてみましょう。

> **MEMO** **申請方法** IT導入補助金は原則電子申請、小規模事業者持続化補助金は電子申請または郵送、電子申請には事前にアカウントの取得などが必要なので、余裕を持って準備する。

注・補助金の金額や内容は令和5年のもの。令和6年以降は制度内容を含め、変更などが行われる場合がある。

インボイス制度のために活用できる補助金

IT導入補助金（デジタル化基盤導入類型）

事業のデジタル化を支援する補助金。ITツール（会計ソフト、受発注システム、決済ソフト、ECソフト）、PCやタブレット、レジや券売機などの導入費用（ソフト・ハード購入費、最大2年のクラウド利用費など）が対象。

対象者

中小企業、
小規模事業者

補助金の額

ITツール
50万円以下（補助率3/4以内）
50万円超350万円以下
（補助率2/3以内）

PCなど
10万円以下（補助率1/2以内）

レジなど
20万円以下（補助率1/2以内）

注・「補助率」とは、かかった費用のうち補助される割合。

小規模事業者持続化補助金

販路開拓などの費用を支援する補助金。インボイスに対応する免税事業者は優遇される。機械装置の導入、広報費、展示会出展費、税理士への相談費用などが対象。

対象者

小規模事業者

補助金の額

免税事業者がインボイス発行事業者になる場合の金額

100万〜250万円（補助率2/3）

そのほか、「ものづくり補助金（ものづくり・商業・サービス補助金）」や「事業承継・引継ぎ補助金」なども、インボイス導入に活用できます。中小企業庁のホームページなどでチェックしてみましょう。

電子帳簿保存法（電帳法）の知識も持っておこう

　電子帳簿保存法（電帳法）は、業務の電子化や書類のペーパーレス化が進むなか、帳簿や取引関連書類など税金（国税）にかかわる書類について、電子保存する際の要件やルールを定めた法律です。違反には罰則もあります。何度かの改正により、中小の事業者にも実践しやすくなっています。

　令和6年1月からは、電子取引のデータ保存が義務化されます（ただし「相当の理由」により猶予される）。該当する電子インボイスも同様です。こうした流れは押さえておきましょう。

　また、電子帳簿保存やe-Taxの実践など一定の場合、青色申告で65万円の青色申告特別控除を受けられる可能性があります。

電帳法の3つの区分と保存要件

1 電子帳簿保存

会計ソフトなどで作成した帳簿や書類*1を、データのまま保存すること。

[保存要件]
変更履歴がわかること、第三者がチェックしやすいことなど。

2 スキャナ保存

紙の取引関連書類*2をスキャナで読み取って保存すること。

[保存要件]
一定の画像の解明度、タイムスタンプの付与、入力期間の制限など。

3 電子取引データ保存

メールなど電子的にやりとりした取引関連書類*2を、データのまま保存すること。

[保存要件]
改ざんができないこと、第三者がチェックしやすいことなど。

---

*1 仕訳帳や総勘定元帳などの帳簿、決算書類（貸借対照表、損益計算書など）、取引関連書類（請求書や契約書など）。
*2 請求書、領収書、契約書、見積書など（発行したものの写し、受け取ったもの）。

パート**4**

はじめての消費税申告はここをチェック

このパートで取り上げる内容

インボイス発行事業者になってからの大きな経理業務は、消費税の申告・納付。このパートで基本の手順を知っておきましょう。

個人事業者なら申告期限は翌年の３月31日

項目のまとめ	消費税の課税事業者は確定申告により消費税を納める。申告の方法やスケジュールを把握しておこう。

申告は原則として１年に一度

　消費税の課税事業者は、年に一度納める消費税額を計算して、税務署に申告・納付します。**個人事業者の場合は、１月１日〜12月31日（課税期間）の消費税を、翌年３月31日までに申告して納付します。**会社の場合は、事業年度（課税期間）終了の翌日から２か月以内です。所得税の確定申告とは期限が異なるので注意します。

　免税事業者がインボイス発行のために課税事業者になった場合も、売上などによらず必ず申告しなければなりません。

　申告書は税務署の窓口に直接提出するほか、郵送もできます。また、e-Taxにより、オンラインで申告・納付を行うこともできます（事前の登録が必要）。

　また、前年の消費税の納付税額が一定額を超えると、その税額に応じて中間申告（→130ページ）と納付が必要になります。

ひとくちコラム

インボイス制度後、最初の確定申告に注意

　免税事業者が、年の途中にインボイス制度登録により課税事業者になった場合、登録日から12月31日までの期間について（個人事業の場合）、消費税額を計算して申告します。初めての消費税申告という人も多いでしょう。

　会計ソフトの設定などをよく見直しておき、登録前（免税）と登録後（課税）の帳簿などの区別に注意します。納税資金も手当てしておきます。

課税事業者は消費税を申告・納付する

すべての事業者 ▶ 確定申告により所得税（法人税）を納める。

翌年3月15日まで *

◀ 1年間 ▶ （会社は事業年度）	➡ 申告・納付

＊ 土日の関係で1〜2日ずれる場合あり。
会社は事業年度終了の翌日から2か月以内。

＋

課税事業者 ▶ 確定申告により消費税を納める。

翌年3月31日まで *

◀ 1年間 ▶ （会社は事業年度）	➡ 申告・納付

＊会社は事業年度終了の翌日から2か月以内。

申告期限までに税務署へ

必要書類

☐ 申告書、計算明細書など
（ケースにより異なる）

☐ マイナンバーカード

※マイナンバーカードを持っていない場合は、番号確認書類（通知カードまたは住民票の写し）、身元確認書類（運転免許証、健康保険証、パスポートなど）

住所地または事業所所在地の税務署（会社は本店所在地の税務署）

・申告書は郵送もできる。
e-Tax による申告も可能。

年をまたぐインボイスは
決算で消費税も振り分ける

1年に一度の決算では1年間の取引を集計します。このとき、消費税についても集計や計算、金額の調整などが必要になります。

決算時に消費税をとりまとめる

　事業者は、1年に一度決算を行って事業の収支を確定させます。決算により、所得税や消費税などを計算して申告・納付することになります。決算では、帳簿の入力ミスやもれのチェック、減価償却費の計算、棚卸（在庫の確認）などを行い、1年間の帳簿を集計します。こうして決算書（損益計算書、貸借対照表など）を作成します。

　このとき**課税事業者は、1年間の消費税も集計・計算、帳簿に反映して決算書に記載します**。課税売上、課税仕入や税区分（非課税取引など）、標準税率と軽減税率の区別も確認します。また、年をまたぐ取引（売掛金、買掛金、前払費用、未払金など）は、今年分と翌年分に振り分ける必要がありますが、インボイスについてもその年の分を取り出して振り分けます。消費税額の計算にも影響するので注意しましょう（右ページ）。

税込経理か税抜経理か

　消費税の決算時の処理のしかたは、税込経理か税抜経理かどうかで変わります。税込経理では1年間の売上と仕入等からそれぞれの消費税額を計算して、その差額を「租税公課」として計上します。

　税抜経理では、売上にかかる消費税（仮受消費税）から仕入等にかかる消費税額（仮払消費税）を差し引いた金額を「未払消費税」として計上します。

MEMO **個人事業の決算書**　個人事業では、所得税の申告の際に、青色申告なら「青色申告決算書」、白色申告なら「収支内訳書」を決算書として作成して税務署に提出する。

消費税は決算のときに集計・計算する

年（決算日）をまたぐ取引に注意

> **今年分の取引を集計する際、**
> **年をまたぐ取引部分を調整する**

20日締めの取引先からのインボイスの例

この間のインボイスは
そのまま計上する。

今年1月分の
インボイス
（前年12月21日〜
今年1月20日までの
取引）

翌年1月分の
インボイス
（今年12月21日〜
翌年1月20日までの
取引）

今年の決算から、前年12
月21日〜12月31日分
を除く（消費税額も）。

今年の決算に、今年12
月21日〜12月31日分
を含める（消費税額も）。

決算時の消費税の処理

税込経理	売上と仕入等をそれぞれ集計して消費税額を計算する。	「租税公課」として帳簿に記載する。（還付の場合は「雑収入」）	**決算書に反映する**
税抜経理	「仮受消費税」の合計額から「仮払消費税」の合計額を差し引く。	「未払消費税」として帳簿に記載する。（還付の場合は「未収消費税」）	

パート4

はじめての消費税申告はここをチェック

一般課税と簡易課税で使用する申告書は異なる

項目の まとめ	一般課税、簡易課税とも基本となるのは第一表と第二表。それぞれ付表などが必要になる。個人事業者と会社では様式が異なる。

申告書にはさまざまな種類がある

　消費税の確定申告では、定められた様式の申告書を使います。**必ず使用するのは第一表と第二表です。**個人事業者と会社は別書式（「個人事業者用」「法人用」）なので注意します。**一般課税では「一般用」、簡易課税制度の適用を受けるなら「簡易課税用」**を使用します。

　一般用、簡易課税用それぞれ、課税売上、課税仕入についての付表を作成して合わせて提出します。特例の利用などで計算明細書を作成することもあります。種類が多いため、必要になる申告書類を間違えたり、過不足のないよう確認しておきます。

　また、消費税の還付を受ける場合は、消費税の還付申告に関する明細書を添付します。申告書は最寄りの税務署で入手するほか、国税庁のホームページ（https://www.nta.go.jp/）からダウンロードもできます。必ず最新のものを入手しましょう。

ひとくちコラム

「確定申告書等作成コーナー」でも作成できる

　消費税の申告書は、国税庁ホームページの「確定申告書等作成コーナー」を利用して、オンライン上でも作成できます。画面の指示にしたがって必要事項を入力、計算などは自動で行われるため便利です。データは保存もできます。作成後は印刷して提出するほか、e-Taxに登録していればオンラインで送信・納付もできます。

個人事業者が一般課税で使う申告書

消費税及び地方消費税の申告書（個人事業者用）

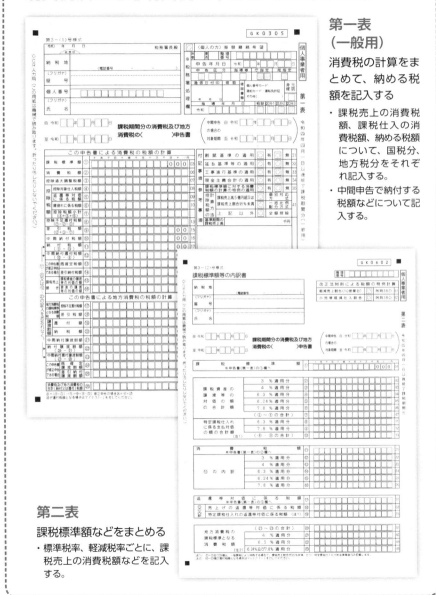

第一表（一般用）

消費税の計算をまとめて、納める税額を記入する

- 課税売上の消費税額、課税仕入の消費税額、納める税額について、国税分、地方税分をそれぞれ記入する。
- 中間申告で納付する税額などについて記入する。

第二表

課税標準額などをまとめる
- 標準税率、軽減税率ごとに、課税売上の消費税額などを記入する。

注・申告書の様式はインボイス制度開始後に変更予定。

個人事業者が使う「簡易課税」の申告書

消費税及び地方消費税の申告書（個人事業者用）

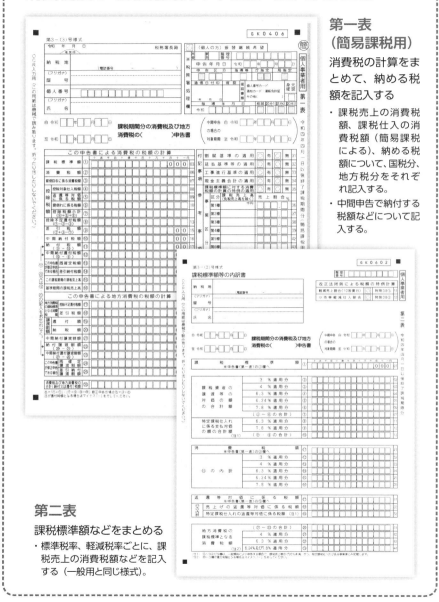

第一表
（簡易課税用）

消費税の計算をまとめて、納める税額を記入する

- 課税売上の消費税額、課税仕入の消費税額（簡易課税による）、納める税額について、国税分、地方税分をそれぞれ記入する。
- 中間申告で納付する税額などについて記入する。

第二表

課税標準額などをまとめる
- 標準税率、軽減税率ごとに、課税売上の消費税額などを記入する（一般用と同じ様式）。

申告書には付表が必要になる

付表により、消費税の対象となる金額（課税標準）、課税売上の消費税額、課税仕入の消費税額の内訳などをまとめる（第一表、第二表に転記）。

「一般課税」の場合

付表 1-3
税率別消費税額計算表兼地方消費税の課税標準となる消費税額計算表（一般用）

付表 2-3
課税売上割合・控除対象仕入税額等の計算表（一般用）

「簡易課税」の場合

付表 4-3
税率別消費税額計算表兼地方消費税の課税標準となる消費税額計算表（簡易課税用）

付表 5-3
控除対象仕入税額等の計算表（簡易課税用）

積上げ計算、割戻し計算

申告時の税額計算には2つの方法がある

項目の
まとめ

納める消費税額の計算では、税込みの金額から算出するか、インボイスによる税額の合計によるかを選べる。端数処理で違いがある。

インボイスなら積上げ計算が可能

　課税事業者が納める消費税額を計算する際、まず1年間の消費税のかかる取引（課税取引）について、課税売上の消費税額と課税仕入の消費税額を計算します。この計算方法には、**税込みの取引金額の合計から本体価格（課税標準額）を割り出して消費税額を計算する「割戻し計算」と、請求書や帳簿などの消費税額を合計する「積上げ計算」**があります。これまでは割戻し計算が原則でしたが、インボイス制度以降はインボイスに正確な消費税額が記載されるため、インボイス発行事業者なら積上げ計算を選べます。

　課税売上の消費税額を割戻し計算とした場合、課税仕入の消費税額では、どちらかを選べます。ただし、**課税売上の消費税額を積上げ計算としたときは、課税仕入の消費税額も積上げ計算にしなければなりません。**

端数処理の回数がポイント

　割戻し計算と積上げ計算では、端数処理を行う回数が変わります（割戻し計算では税額計算時に1回、積上げ計算ではインボイスごと）。そのため、取引件数が多い業種などでは、金額は積上げ計算のほうが小さくなります（切り捨ての場合）。ただし、売上の件数や金額が少ない個人事業者などは大きな差はないでしょう。経理の手間としては割戻し計算のほうが簡単です。できれば、会計ソフトの設定を確認しておきましょう。

MEMO **課税標準** 課税売上の本体価格のこと（合計額が課税標準額）。受け取った消費税額（課税売上の消費税額）を計算するために必要。納める消費税額を計算する際の基礎になる金額。

注・課税仕入の消費税額の積上げ計算ではインボイスをもとにするほか、帳簿の金額を合計する「帳簿積上げ計算」も選べる。

合計額から算出する／インボイスによる税額を合計する

※受け取った消費税額（課税売上の消費税額）の場合（国税分）

割戻し計算

1年間の税込みの課税売上（標準税率分）

$\times \dfrac{100}{110}$

→ 本体価格の合計額（課税標準額）（1000円未満切り捨て）

$\times 7.8\%$

軽減税率分は別に集計、100/108 と 6.24%
により計算する（税額を標準税率分と合計）。

消費税額（国税分）

= [　　　　　　　円]

積上げ計算

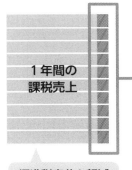
1年間の課税売上

→ インボイスに記載された消費税額の合計

$\times \dfrac{78}{100}$

消費税額（国税分）

= [　　　　　　　円]

標準税率分と軽減税率分の合計。実際の計算では区別して集計する。

実際の計算は、国税分（消費税）と地方税分（地方消費税）を計算するので、もう少し複雑になります。

国税分と地方税分は別に計算してから合計する

項目の まとめ	会計ソフト使用ならほとんど自動的に計算できる。ただし、計算の方法や作成の手順は知っておく。

会計ソフトなら自動で計算できる

　会計ソフトで日々の帳簿を正しく入力していれば、多くの場合、データの集計や消費税額の計算、申告書の作成は自動的に行うことができます。

　申告前に確認ができるよう、消費税計算と申告書作成の流れを知っておきましょう。また、消費税に関する設定も確認しておきます。免税事業者がインボイス制度に登録して課税事業者になった場合には、登録した日以降の消費税を計算します。

消費税の計算方法を知っておこう

　一般課税では、課税売上の消費税額から課税仕入の消費税額を差し引いた金額が納める消費税額です。簡易課税制度の適用を受けている場合は、課税仕入の消費税に関する計算は不要で、課税売上の消費税額から「課税売上の消費税額×みなし仕入率」を差し引きます。

　申告時の消費税の計算は、まず国税分（「消費税」標準税率7.8％、軽減税率6.24％）を計算してから、それをもとに地方税分（「地方消費税」標準税率2.2％、軽減税率1.76％）を計算*、最後に国税分と地方税分を合計するという手順がポイントです。

　一般に、付表→第二表→第一表の順に作成します。簡易課税制度による申告書作成の基本的な流れを、122〜125ページで紹介します。

> **MEMO** **参考資料を用意する**　申告書を作成して内容を確認するには、帳簿のほか、所得税の確定申告時に作成した「青色申告決算書」や「収支内訳書」、中間申告の納付書などがあるとよい。

＊国税分の税額（軽減税率分含む）×22/78で計算する。

申告するときの計算の流れを押さえる

課税取引を整理する

● 課税取引（課税売上、課税仕入）にならないものを除く。
● 標準税率分と軽減税率分を分ける。

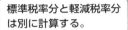
標準税率分と軽減税率分
は別に計算する。

国税分の税額（消費税）を計算する

❶ 課税売上の消費税額（国税分）を計算する

［割戻し計算の場合］課税売上（税込み）を合計して本体価格（課税標準額）を算出[*1]、国税分の税額を計算する[*2]

*1 課税売上× 100/108 または 100/110（1000 円未満切り捨て）
*2 課税標準額× 6.24%または 7.8%

❷ 課税仕入の消費税額（国税分）を計算する

［積上げ計算の場合］インボイスにより課税仕入の消費税額を合計して、国税分の税額を計算する[*3]

*3 課税仕入の消費税額× 78/100

※簡易課税の場合は、課税売上の消費税額×みなし仕入率を使用する。事業区分により 40 ～ 90%（→ 48 ページ）。

❸ ❶から❷を差し引く（国税分の税額）→ **A**

地方税分の税額（地方消費税）を計算する

国税分の税額から計算する[*4] → **B**
*4 国税分の税額（軽減税率分含む）× 22/78

 A + **B** = 納める
消費税額

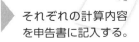
それぞれの計算内容
を申告書に記入する。

申告書記入の流れ①（簡易課税による申告）

付表を作成する

帳簿などで集計した消費税の対象となる課税取引にもとづき、
適用税率（10％または8％）ごとの消費税額などを記入する。

付表 4-3

税率別消費税額計算表兼地方消費税の課税標準となる
消費税額計算表（簡易課税用）

課税期間（個人事業者は1月1日〜12月31日）と、
申告者の氏名（屋号）を記入する。

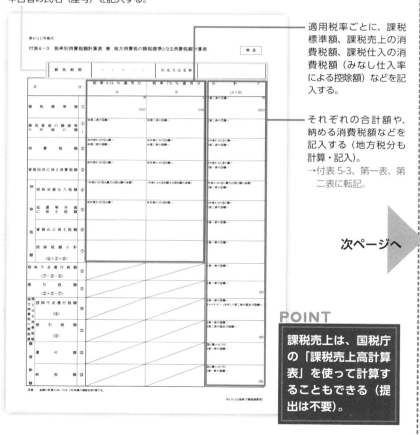

適用税率ごとに、課税標準額、課税売上の消費税額、課税仕入の消費税額（みなし仕入率による控除額）などを記入する。

それぞれの合計額や、納める消費税額などを記入する（地方税分も計算・記入）。
→付表5-3、第一表、第二表に転記。

次ページへ

POINT

課税売上は、国税庁の「課税売上高計算表」を使って計算することもできる（提出は不要）。

一般課税の場合

「付表 1-3　税率別消費税額計算表兼地方消費税の課税標準となる消費税額計算表（一般用）」と「付表 2-3　課税売上割合・控除対象仕入税額等の計算表（一般用）」を使用する。付表 2-3 は、課税仕入を集計するため手間がかかる。

付表 5-3
控除対象仕入税額等の計算表
（簡易課税用）

課税期間（個人事業者は 1 月 1 日〜 12 月 31 日）と、
申告者の氏名（屋号）を記入する。

第4-(12)号様式

付表5-3　控除対象仕入税額等の計算表

簡易

| 課税期間 | ・　・　～　・　・ | 氏名又は名称 | |

Ⅰ　控除対象仕入税額の計算の基礎となる消費税額

項　目	税率6.24%適用分 A	税率7.8%適用分 B	合計 C (A+B)
課税標準額に対する消費税額 ①			
貸倒回収に係る消費税額 ②			
売上対価の返還等に係る消費税額 ③			
控除対象仕入税額の計算の基礎となる消費税額 ④ (①＋②－③)			

Ⅱ　1種類の事業の専業者の場合の控除対象仕入税額

項　目	税率6.24%適用分 A	税率7.8%適用分 B	合計 C (A+B)
④ × みなし仕入率 (90%・80%・70%・60%・50%・40%)			

Ⅲ　2種類以上の事業を営む事業者の場合の控除対象仕入税額
(1)　事業区分別の課税売上高（税抜き）の明細

項　目	税率6.24%適用分 A	税率7.8%適用分 B	合計 C (A+B)	売上割合
事業区分別の合計額 ⑤				%
第一種事業（卸売業）⑥				
第二種事業（小売業等）⑦				
第三種事業（製造業等）⑧				
第四種事業（その他）⑨				
第五種事業（サービス業等）⑩				
第六種事業（不動産業）⑪				

(2)　(1)の事業区分別の課税売上高に係る消費税額の明細

項　目	税率6.24%適用分 A	税率7.8%適用分 B	合計 C (A+B)
事業区分別の合計額 ⑫			
第一種事業（卸売業）⑬			
第二種事業（小売業等）⑭			
第三種事業（製造業等）⑮			
第四種事業（その他）⑯			
第五種事業（サービス業等）⑰			
第六種事業（不動産業）⑱			

注意　1　金額の計算においては、1円未満の端数を切り捨てる。
　　　2　課税売上げにつき返品を受け又は値引き・割戻しをした金額（売上対価の返還等の金額）があり、売上（収入）金額から減算しない（方法で経理して経理して含めている場合には、⑤から⑪欄には売上対価の返還等の金額（税抜き）を控除した後の金額を記載する。

(1／2)

(R1.10.1以後終了課税期間用)

付表 4-3 などから、適用税率ごとにみなし仕入率の対象となる課税売上の消費税額を記入する。

上記の消費税額にもとづき、みなし仕入率により控除される税額などを記入する。
→付表 4-3「控除対象仕入税額」欄に転記。

次ページへ

複数の事業を営んでいる事業者が記入する。

パート **4**　はじめての消費税申告はここをチェック

123

2 第一表と第二表を作成する

付表に記入した内容などから、1年間の消費税額（国税分、地方税分）について記入する。

第二表

消費税及び地方消費税の申告書（課税標準額等の内訳書）

申告者の住所（納税地）、電話番号、氏名（屋号）、課税期間
（個人事業者は1月1日〜12月31日）を記入する。

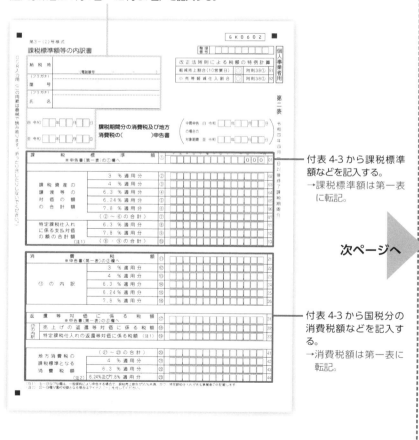

付表4-3から課税標準額などを記入する。
→課税標準額は第一表に転記。

付表4-3から国税分の消費税額などを記入する。
→消費税額は第一表に転記。

次ページへ

<table>
<tr><td>

一般課税
の場合

</td><td>

第一表は「一般用」を使用する。第二表は簡易課税と共通。課税標準額や課税売上の税額、課税仕入の税額などは、付表 1-3、付表 2-3 で計算ずみのため、記入については簡易課税とほぼ同じ。

</td></tr>
</table>

第一表（簡易課税用）
消費税及び地方消費税の申告書

提出日と申告・納税する税務署名、申告者の住所（納税地）、電話番号、氏名（屋号）、マイナンバー、課税期間（個人事業者は 1 月 1 日〜 12 月 31 日）を記入する。

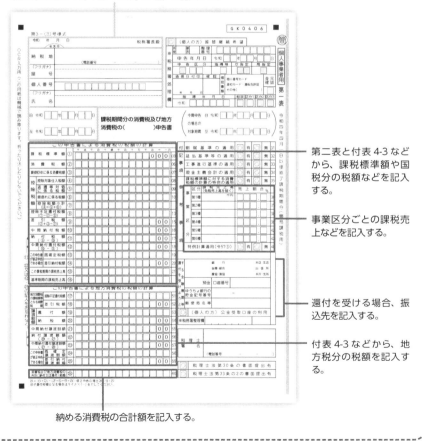

第二表と付表 4-3 などから、課税標準額や国税分の税額などを記入する。

事業区分ごとの課税売上などを記入する。

還付を受ける場合、振込先を記入する。

付表 4-3 などから、地方税分の税額を記入する。

納める消費税の合計額を記入する。

受け取った消費税額の「2割」を納税額にできる

項目の まとめ	インボイスに登録した免税事業者は、2割特例を利用すれば経理負担や税額を軽くできる。

令和8年までの限定措置

　インボイス制度へのスムーズな登録を促すため、さまざまな経過措置や特例が設けられています。その1つが2割特例です。原則として**免税事業者がインボイス発行事業者として課税事業者になった場合、仕入税額控除の計算で、受け取った消費税額の8割を差し引くことができます。**納める消費税額は、課税売上の消費税額の一律2割となります。

　2割特例では課税仕入の集計や計算が不要になり、売上（課税売上）だけで税額を計算できるため、経理負担を軽減できます。また、課税仕入の消費税額が課税売上の消費税額の8割を超えなければ、税額は有利になります。

　令和5年10月から令和8年まで*の限定措置です。早く登録するほど、特例を長く利用できることになります。

手続き不要、申告時に選べばOK

　インボイス制度に登録した免税事業者が対象です。**特例期間中も、基準期間の課税売上高が1000万円を超える年などは適用されません。**その他、注意ポイントは154ページを参照してください。一般課税、簡易課税制度どちらを選んでいても利用できます。事前の手続きは不要です。消費税の申告書第一表に「2割特例を選択する旨」を記載（チェック欄が設けられる）、付表6「税率別消費税額計算表」などで計算して、合わせて提出します。

> **MEMO** **簡易課税制度と比較する**　2割特例は、簡易課税制度のみなし仕入率80%の場合と同様の計算となる。自分の事業区分によるみなし仕入率などを確認して、損得を試算しておく。

＊令和8年9月30日の属する課税期間まで。

2割特例のメリットを確認

対象者
インボイス制度を機に、免税事業者から課税事業者（インボイス発行事業者）となった人（基準期間の課税売上高1000万円以下などの要件を満たすこと）

次のように消費税額を計算できる

課税売上の消費税額
（受け取った消費税額）

| | 円 | **✕ 20% =** | 納める消費税額 | 円 |

メリット
- 支払った消費税額の集計や計算が不要になる。
- 一般課税による税額より有利になることが多い。

一般課税との比較例

┃条件┃　課税売上800万円、課税仕入400万円、標準税率（10%）のみ。

一般課税

課税売上の消費税額		課税仕入の消費税額		納める消費税額
80万円	**−**	**40万円**	**=**	**40万円**

2割特例

課税売上の消費税額				納める消費税額
80万円	**✕**	**20%**	**=**	**16万円**

この例では、2割特例のほうが納める消費税額は少なくすむ＊。

＊条件により、損得は逆転することもあるので必ず試算を。

> **注意！**
> 特例の適用は令和8年まで。その後は一般課税か簡易課税か検討しておく。

パート4　はじめての消費税申告はここをチェック

申告により消費税が戻ることがある

項目の まとめ	消費税は納めるばかりではなく、仕入などの税額が多ければ、一般課税の申告により還付を受けられることもある。

還付申告用の明細書を提出する

受け取った消費税（課税売上の消費税）より支払った消費税（課税仕入の消費税）が多い場合には、申告により消費税が戻ってきます。これを消費税の還付といいます。

翌年3月31日までに、申告書とともに「消費税の還付申告に関する明細書」を作成して提出します。 個人事業者と会社では書式が異なるので注意します。還付されるのは、申告から約1～2か月後になります（振込口座などは申告書第一表に記載しておく）。

還付を受けられるのは一般課税の場合

還付を受けられるケースには、①大きな設備投資を行った、②大幅な赤字になった、③輸出業を営んでいる（免税取引が多い）などがあります。

また、課税売上の消費税額から課税仕入の消費税額を差し引いて、金額がマイナスになる場合に還付されるため、一般課税で申告する課税事業者が対象となります。簡易課税制度や2割特例を選んでいる事業者は、そもそも課税仕入の消費税を計算しないため、還付を受けることはできません。もちろん、消費税の申告・納付が免除されている免税事業者も対象外です。

簡易課税制度などを選んでいて、上記の①～③などにより還付が見込まれる事業者は、一般課税に戻ることを検討します（前年までに届け出が必要）。

> **MEMO** **還付金の受け取り** 還付金は指定した預貯金口座に振り込んでもらうほか、郵便局などで直接受け取ることもできる。また、課税期間の短縮（→56ページ）により還付を早められる。

還付を受けられるのは一般課税の事業者

課税売上の消費税額
（受け取った消費税額）

円

−

課税仕入の消費税額
（支払った消費税額）

円

=

円

➡ この金額が
マイナスなら還付を
受けられる！

還付を受けられるの
は、一般課税で税額
計算をしている課税
事業者です。

還付を受けられる
主なケース
①大きな設備投資を行った、②大幅な赤字になった、③輸出業を営んでいる（免税取引が多い）など

消費税の還付申告に関する明細書（個人事業者用）

2枚セットになっており、還付申告となった主な理由や、課税売上と課税仕入の主な取引先、取引金額などを記入する。申告書と合わせて提出する。

税額が多くなると分割・前払いが必要になる

項目の まとめ	消費税額が多くなると中間申告が必要になる。税額による期限や回数を押さえておく。

大きな税額は分割して納める

　消費税の申告・納付は、原則として1年に一度ですが、年に何回かに分けて行うことがあります。これを中間申告といいます。**中間申告が必要になるのは、前年に納めた消費税額（国税）が48万円を超えた場合です。**48万円には、地方消費税分が含まれないことに注意します。分割して納めることで、1回の納税負担は小さくなりますが、経理負担は大きくなります。

　中間申告・納付には、通常の確定申告に加えて年1回、年3回、年11回という3つの分割のタイプがあり、前年の消費税額で決まります。申告・納付は、税務署から送られてくる申告書と納付書などで行います。それぞれの期限に注意しましょう。

計算方法は2つあり、どちらか選べる

　中間申告の方法には、「予定申告方式」と「仮決算方式」があります。予定申告方式では、前年納めた消費税額の実績に基づいて納付します。申告回数により、月割り消費税額×月数が納付税額となります（税務署からの中間申告書と納付書は、この方式により計算されている）。仮決算方式では、実際に対象期間の税額を計算して納めます（正確だが手間がかかる）。

　計算方法は事業者が選ぶことができ、確定申告のとき、実際の税額との差額を清算することになります。

MEMO	**任意の中間申告**　前年の消費税額が48万円以下の事業者も、希望により中間申告ができる（任意の中間申告）。ただし、選べるのは年1回のみ。

中間申告には３つのタイプがある

税額は国税分による判定

※予定申告方式。納付期限は個人事業者の場合。

前年の消費税額が **48万円超400万円以下**

中間申告は１回

納付税額
前年の月割り
消費税額×6

↓
中間申告・納付
（８月末日）

▼
確定申告で納める

前年の消費税額が **400万円超4800万円以下**

中間申告は３回

| **納付税額** 前年の月割り消費税額×3 | **納付税額** 前年の月割り消費税額×3 | **納付税額** 前年の月割り消費税額×3 | |

↓ **中間申告・納付**（５月末日）
↓ **中間申告・納付**（８月末日）
↓ **中間申告・納付**（11月末日）
▼ 確定申告で納める

前年の消費税額が **4800万円超**

中間申告は11回

納付税額
それぞれ前年の月割り消費税額

↓↓↓↓↓↓↓↓↓↓↓ **中間申告・納付**
（５月＊～翌１月の末日）
▼ 確定申告で納める

＊１～３月分は５月末日が納付期限となる。

さまざまな納付のしかたから 自分に合ったものを選ぶ

項目の まとめ	消費税の納付はさまざまな方法が用意されている。メリットやデメリットを確認して選ぶとよい。

口座振替やクレジットカード利用が便利

消費税の納付期限は、申告と同じ翌年3月31日です。所得税などと同様にさまざまな方法により納付できます（右ページ）。

窓口での現金納付はわかりやすい方法ですが、その都度税務署などに行く必要があります。消費税を納めることになれば申告・納付の機会も増え、面倒かもしれません。中間申告がある場合などはなおさらです。

口座振替なら最初に登録が必要ですが、翌年以降は手間がかかりません（引き落としは約1か月後）。クレジットカードも最初に手続きをすれば、その後は簡単に納付できます。一定の決済手数料がかかりますが、ポイントなどがたまるメリットもあります。継続して申告・納付する事業者には、こうした方法が向いているかもしれません。

また、e-Taxに登録していれば、インターネットバンキング、ダイレクト納付（期日指定による口座からの引き落とし）ができます。

ひとくち コラム

e-Taxによる申告・ 納税を検討してみよう

インボイスや帳簿などで電子化が進んでいます。確定申告や納税でもe-Taxを検討してみましょう。e-Taxを始めるには税務署に開始手続きが必要ですが、マイナンバーカードを持っていれば比較的簡単です。「確定申告書等作成コーナー」で作成した申告書をそのまま送信でき、ダイレクト納付なども可能です。一定の場合、青色申告特別控除が65万円になるメリットもあります。

窓口やオンライン、スマホでも納付できる

窓口で納める
税務署や金融機関などの窓口で、現金と納付書により納める。

口座振替で納める
口座から自動引き落としにより納める。あらかじめ税務署に「口座振替依頼書」を提出しておくことが必要。

クレジットカードで納める
「国税クレジットカードお支払サイト」に登録して利用する。決済手数料がかかる(金額は上記サイトで確認できる)。

e-Tax により納める
インターネットバンキングやダイレクト納付により、自宅などから納付できる。あらかじめ e-Tax の登録が必要。

コンビニで納める
国税庁ホームページで作成する QR コードや税務署発行のバーコード納付書により納める。納付金額は 30 万円以下。

スマホで納める
スマホの決済アプリ (○○ PAY など) を利用して納める。納付金額は 30 万円以下。

納付期限までに税務署へ納める

申告・納付が遅れたときなど、一定のペナルティがある

項目の まとめ	消費税をはじめ、税金の申告・納付の遅れ、申告内容の間違いなどにはさまざまなペナルティがある。

遅れた日数に「利子」が上乗せされる

　消費税の申告や納付が遅れた場合、一定のペナルティがあります。まず、**遅れた日数分の利子として延滞税がかかります。年8.7%（最初の2か月は2.4%）**＊**と高率です（遅れた日数分が日割り計算で上乗せされる）。**

　さらに、少ない税額を申告していた場合は過少申告加算税、申告をしていなかった場合は無申告加算税が科せられる場合があります。

正しい申告を心がける

　申告後に計算間違いなどに気づいたとき、**税額を少なく申告していた場合は、正しい税額を計算して申告書を再提出します（修正申告）。税額を多く申告していた場合は、更正の請求という手続きを行います。**国税庁ホームページ「確定申告書等作成コーナー」には、「更正の請求書・修正申告書作成コーナー」が用意されています。なお、更正の請求には、原則として申告書の提出期限から5年以内という期限があります。

　また、税務調査などで申告内容の間違いなどが見つかると、自分が気づいて期限後申告をした場合よりペナルティは重くなります。売上のごまかしなど、悪質な税金逃れなどと判断された場合、重加算税などが科せられることもあります。消費税は複雑な税金ですが、しっかり知識を身につけて正しく申告しましょう。特に課税事業者になった当初は要注意です。

> **MEMO**　**税務調査**　確定申告の内容などに疑問があった場合に、税務署により行われる立ち入り調査。インボイス制度により課税事業者が増えると、消費税についても調査が増える可能性がある。

＊令和5年の割合。

加算された税額を支払うことになる

確定申告や納付が遅れた場合 → **延滞税** 年**8.7%**
（最初の2か月は2.4%）

申告書を期限までに提出しなかった場合 → **無申告加算税** 税額の
10〜20%＊
＊税務調査の通知前に自ら申告・納付した場合は5％。

申告した税額が少なかった場合 → **過少申告加算税** 追加で納める税額の
5〜15%＊
＊税務調査の通知前に自ら修正申告した場合はかからない。

所得隠しなど手口が悪質な場合 → **重加算税** 追加で納める税額の
35または40%

注・その他、源泉所得税などを申告期限までに納付しなかった場合の「不納付加算税」もある。

注意！
上記の加算税には、いずれも遅れた期間分について延滞税も必要になる。また、過去に無申告加算税などを科せられていた場合、ペナルティが重くなることがある。

仕入税額控除の計算では「課税売上割合」をチェックする

　消費税額の計算で知っておきたいのが「課税売上割合」です。1年間の売上（総売上高）に対する、課税取引の売上（課税売上高）の割合です。課税売上割合が95％以上なら、仕入税額控除で課税仕入の消費税額（支払った消費税額）の全額を差し引くことができます。課税売上割合が95％未満なら、仕入税額控除は一定の制限を受けます＊。ただし、課税売上高が5億円超の事業者は、上記によらず一定の制限を受けます＊。

　事業内容によっては注意が必要ですが、取引の大半が課税取引である小規模な個人事業者などは、あまり心配することはありません。

　計算のポイントは、総売上高には非課税取引の売上を加えることです。課税売上割合を正しく計算するため、帳簿などで非課税取引などを、しっかり区別しておく必要があります。

　簡易課税制度なら、課税売上割合の確認は不要です。

課税売上割合の計算式

免税取引の売上を含む

1年間の課税売上高（税抜き）

円

――――――――――――――――

1年間の総売上高（税抜き）

円

課税売上高＋免税取引の売上＋非課税取引の売上

＝

課税売上割合

％

95％以上なら、課税仕入の消費税額を全額控除できる。

＊ 「個別対応方式」または「一括比例配分方式」の計算により、非課税取引分を課税仕入から除く（どちらかの方式を選ぶ）。

パート**5**

インボイス制度の登録手続きのコツとポイント

このパートで取り上げる内容

このパートでは、インボイス発行事業者になるときの手続きや、それにともなう経過措置や特例のことがわかります。

届け出から登録完了まで時間がかかることも

項目のまとめ	インボイス制度に登録するには登録申請書をインボイス登録センターに郵送するほか、e-Taxでも手続きできる。

郵送やe-Taxで手続きをする

インボイスを発行するには、インボイス発行事業者になる必要があります。そのためには、「適格請求書発行事業者の登録申請書(以下、登録申請書)」を作成して、税務署に登録を申請します。**登録申請書はその地域の「インボイス登録センター」に郵送します(税務署でないことに注意)。e-Taxを利用して、パソコンやスマホ(e-Taxソフトが必要)から申請もできます**(→143ページ)。

免税事業者の場合は、原則として、合わせて課税事業者になる手続きも行います(経過措置により省略できる→144ページ)。

登録についても経過措置や特例が設けられており、特に免税事業者が登録しやすいよう、手続きは一定期間簡素化されています。

登録通知には時間がかかる

インボイス制度が始まる令和5年10月1日から登録したい場合は、令和5年9月30日までに登録申請します。令和5年10月以降の届け出の場合、免税事業者は登録日を選びます(その日から課税事業者になる)。

登録通知が届くまでには一定の時間(書面なら約3か月*。e-Taxなら早まる)がかかります。もし10月1日までに通知が届かない場合は、さかのぼって適用を受けられます。

MEMO **インボイス登録センター** インボイス制度のために設けられた、郵送による登録手続きの事務などを行うセンター。全国の国税局に設置されている。電話相談などは行っていない。

*国税庁の資料による。令和5年6月30日現在。

登録申請手続きの流れ

インボイス制度に登録できるのは課税事業者

● 免税事業者は課税事業者になる必要がある。
● 課税事業者になる手続きは、一定期間省略できる。

登録申請書を作成する

● 「適格請求書発行事業者の登録申請書」は税務署で入手できるほか、国税庁のホームページからダウンロードできる。

インボイス登録センターに郵送する

● e-Tax を利用して、オンラインで登録申請書を作成、届け出もできる（事前に e-Tax の登録が必要）。
● 税務署の審査を受ける。

登録通知書（登録番号）が送られてくる

● 3か月程度かかる（e-Tax なら、登録通知データにより書面申請より早く受けられる）。
● 適格請求書発行事業者公表サイトで情報が公開される。
● 原則として再発行はされない。

 取引先に登録したことを通知する

 請求書等に登録番号を反映する

e-Taxならオンラインで手続きができる

項目の まとめ	インボイス制度の登録申請書は２枚セット。文書で提出するほか、オンラインでの作成もできる（e-Taxを利用）。

令和５年10月以降は登録日を選べる

　インボイス制度登録で提出する登録申請書（適格請求書発行事業者の登録申請書）は税務署で入手できるほか、国税庁のホームページからダウンロードもできます。ダウンロードしたPDFファイルに直接入力して印刷もできます。個人事業者、法人とも書式は共通です。記入事項などは、右ページ以降を参照してください。登録申請書の記載内容は、一部を除き国税庁の「適格請求書発行事業者公表サイト」で公表されます。

　なお、インボイス制度開始後の登録申請は、**免税事業者の場合、登録申請書に登録希望日を記載しておけば、その日から登録を受けられます（登録申請以前にさかのぼった登録日は不可）**。登録日からインボイスを発行できるようになりますが、登録日以降の消費税の計算・申告が必要です。

パソコンやスマホからも手続きできる

　登録申請をパソコンやスマホから行う場合、e-Taxを利用するため、事前にe-Tax開始の手続きが必要です。

　国税庁ホームページの「インボイス制度特設サイト」などからe-Taxソフトにアクセスして、申請データを作成・送信します。なお、スマホから申請できるのは個人事業者のみです。**登録通知は税務署からのデータ送信で受け取ることとなり、紙による手続きより早く通知を受けられます。**

> **MEMO** **登録番号が登録日に間に合わないとき**　取引先にその旨を伝えておき、通知後にインボイスを発行する、暫定的な請求書を発行して通知後に再発行するなどの対策を講じておく。

登録申請書の記載ポイント①

適格請求書発行事業者の登録申請書（1枚目）

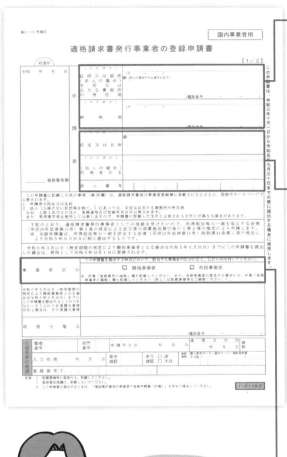

住所または事務所の所在地、電話番号を記入する

・会社の場合は、本店または事務所の所在地。
・個人事業者の場合、住所や事務所の所在地は公表されない（会社は公表される）。

氏名または名称を記入する

・いずれも公表される。
・会社の場合は法人番号を記入する。

POINT

個人事業者が「事務所の所在地などを公表したい」「屋号も公表したい」という場合は、申請時に「適格請求書発行事業者の公表事項の公表（変更）申出書」に必要事項を記入して添付する。

提出時点で、課税事業者か免税事業者かどうかチェックを入れる

会社でも個人事業者でも同じ申請書を使うんですね。

登録申請書の記載ポイント②

適格請求書発行事業者の登録申請書（2枚目／次葉）

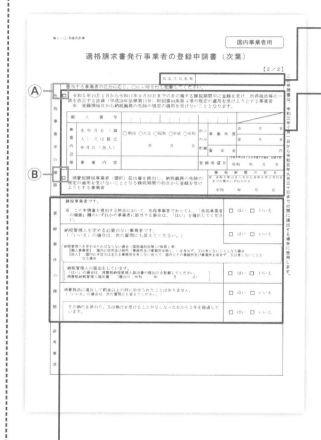

氏名または名称を記入する

免税事業者は、チェックして記入する

- ⒶまたはⒷの□にチェックを入れる（令和5年10月1日から登録を受ける場合はⒶ）。
- マイナンバー、生年月日（個人事業者の場合）、事業内容、登録希望日（令和5年10月1日なら記入不要）を記入する。
- 本人確認書類＊の添付が必要。

＊マイナンバーカードまたは通知カード等と運転免許証など身元確認書類（提示または郵送ならコピー）。

登録要件を確認してチェックする

- 免税事業者がインボイス制度に登録して課税事業者になる場合は、「課税事業者です。」の欄で「はい」にチェック。
- 国内居住（納税管理人は不要）で、消費税について罰金などを受けたことがなければ、その後の欄もすべて「はい」にチェック。

注意！

「納税管理人」「罰金」のチェックが「いいえ」の場合、登録が認められないことがある。

e-Tax による申請データの作成

事前準備	初めて e-Tax を利用する場合は、e-Tax ソフトの トップ画面で「開始届出書の作成・提出」をクリッ クして、e-Tax 開始のための手続きを行う（利用者 識別番号の発行を受ける）。

申請データ作成の流れ（WEB 版の場合）

e-Tax ソフト（WEB 版）のトップ画面 *

＊「インボイス制度特設サイト」などからアクセスする。

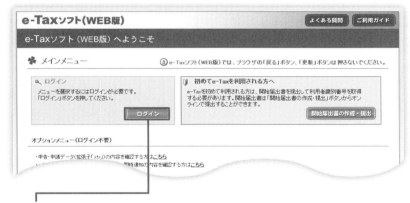

「ログイン」をクリック

・ログインには、マイナンバーカードの読み取り * や利用者識別番号
　などが必要。

＊ IC カードリーダライタやスマホの読み取り機能を使う。

登録申請データを作成する

・表示される項目にしたがって、「はい」「いいえ」などにより選択する。
・希望により、登録通知をデータで受け取ることもできる。

登録申請データを送信する

・マイナンバーカード読み取りなどによる
　「電子署名」が必要。

登録通知を受け取る

・審査を受けるため、一定の
　期間がかかる。

免税事業者はインボイス申請で課税事業者にもなれる

項目の まとめ	免税事業者がインボイスを発行するには、課税事業者になることも必要。ただし、一定期間はその手続きを省略できる。

課税事業者になる届け出を省略できる

インボイスを発行できるのは課税事業者だけです。免税事業者がインボイス制度に登録するには、課税事業者にならなければなりません。それには、「消費税課税事業者選択届出書」（→40ページ）という届け出が必要です。この手続きで課税事業者になれるのは、原則として届け出の翌年からです。

そこで免税事業者については、**登録申請書を提出することで、課税事業者になるための届け出を省略して課税事業者になることができます（免税事業者の登録の経過措置）**。登録を受けた日（登録希望日）から、課税事業者としてインボイス発行事業者となることができるのです。経過措置を受けられるのは、令和5年10月から令和11年までのインボイス制度の登録です。

年の途中の登録には注意も必要

年の途中でもインボイス発行事業者になれるのはメリットですが、その年は途中から消費税の扱いを変更することになります。**登録日から12月31日までの期間については、翌年3月31日までに消費税の申告をして、登録日からの消費税を納めることが必要です**。経理業務も煩雑になるため、登録日はよく検討しましょう。

また、この措置により課税事業者になった場合、2年間は免税事業者に戻ることができません*。

> **MEMO** **経理業務が煩雑** 年の途中からのインボイス登録は、登録前は免税事業者、登録後は課税事業者となる。登録日を境に、会計ソフトの設定変更やその前後の取引の振り分けが必要になる。

＊登録日が令和5年10月1日の属する課税期間である場合を除く。

すぐにインボイスを発行できる

免税事業者が課税事業者となり、インボイス制度に登録する場合

本来の手続き

登録申請書 **+** 消費税課税事業者選択届出書

↓ 提出

今年　　　　　翌年

翌年から課税事業者になれる

インボイス発行事業者になるのも翌年から。

経過措置

登録申請書

消費税課税事業者選択届出書 **不要**

↓ 提出

今年　　　　　翌年

その年（登録を受けた日）からインボイス発行事業者（課税事業者）になれる。

> 令和6年以降（個人事業者の場合）、この経過措置で課税事業者になると、2年間は免税事業者に戻れません。

注意！
インボイス制度開始から令和11年まで＊のインボイス制度登録の措置。
＊令和11年9月30日が属する課税期間まで。

インボイスの登録後すぐ 簡易課税制度を受けられる

項目の まとめ	免税事業者は、簡易課税制度の「選択届出書」を提出した年から適用を受けることができる。

簡易課税制度にはメリットが多い

　簡易課税制度は、「みなし仕入率」を使うことで課税売上の消費税額により消費税額を計算できる制度です（→46ページ）。**経理負担を軽減でき、消費税を少なくできる場合もあるため、特にインボイス発行のために課税事業者となる免税事業者は、一度は検討しておきたい制度です**。なお、基準期間の課税売上高が5000万円以下の事業者であることが条件です。

免税事業者ならすぐ適用を受けられる

　簡易課税制度を受けるには、原則として適用を受けたい年の前年までに「消費税簡易課税制度選択届出書」の提出が必要です（→50ページ）。

　しかし、**免税事業者が144ページの経過措置によりインボイス制度に登録する場合、登録した年の末日までに届け出をすれば、登録日から簡易課税の適用を受けられます（簡易課税制度選択届け出の特例）**。この特例により、インボイス制度に登録した年（日）から、簡易課税制度による経理負担の軽減などを活用できます。

　適用を受けられるのは、令和5年10月から令和11年までのインボイス制度登録です。インボイス制度の前から課税事業者だった事業者は対象外です。

　インボイス制度の軽減措置には、課税売上の消費税額の2割で税額を計算できる「2割特例」（→126ページ）もあり、事前の比較検討が大切です。

> **MEMO** **簡易課税制度をやめるとき**　その後、簡易課税制度はやめることもできる。その場合は、やめたい年の前年までに「消費税簡易課税制度選択不適用届出書」を提出する。

登録の年から簡易課税制度のメリットを受けられる

 免税事業者がインボイス制度に登録して、
簡易課税制度を受ける場合

本来の手続き

登録申請書 *

消費税簡易課税制度
選択届出書

↓ 提出　↓ 提出

＊消費税課税事業者選択届出書
　も提出する。

翌年から簡易課税制度を
受けられる

今年　　　　　　　　　翌年

特例

登録申請書 *

消費税簡易課税制度
選択届出書

↓ 提出　↓ 提出

＊消費税課税事業者選択届出書は不要
　（144 ページの経過措置）。

その年（登録を受けた日）からインボイス発行事業者
になれる。その年から簡易課税制度を受けられる。

今年　　　　　　　　　翌年

注意!
インボイス制度開始から令和 11 年ま
で * のインボイス制度登録の特例。
＊令和 11 年 9 月 30 日が属する課税期間
　まで。

すでに課税事業者
なら、この特例の
適用は受けられま
せん。

開業した年からインボイス発行事業者になれる

項目の まとめ	新しく事業を始めるときには、特例により開業初日にさかのぼって インボイス制度に登録できる。

事業スタートから2年は免税事業者が原則

　会社の設立や新規事業の開業、会社化などの場合、原則として開業から2年間は免税事業者です。まだ基準期間（課税事業者になるかどうかを判断する前々年などの期間）などがないためです。免税事業者として消費税を免除されるのはメリットですが、課税事業者ではないため、インボイス発行事業者にはなれません。課税事業者になるには「消費税課税事業者選択届出書」を提出しますが、課税事業者になれるのは翌年からです。

開業日にさかのぼってインボイスを発行できる

　このとき、**開業年の末日までにインボイス制度に登録すれば、開業年の初日にさかのぼって、課税事業者としてインボイス発行事業者になることができます（新設法人等の登録時期の特例）**。登録申請書に、開業年（課税期間）初日から登録する旨を記載します。なお、免税事業者の経過措置も受ければ、消費税課税事業者選択届出書の提出を省略できます。

　また、資本金が1000万円以上などにより開業時から課税事業者である新設法人も、開業年の末日までに登録することで、開業日からインボイス発行事業者になれます。

　取引先などにはこの特例を受ける旨を伝えておき、登録番号取得後はすみやかにその通知や請求書の再発行（インボイス）などを行います。

> **MEMO** 「**免税**」**をとるか「インボイス」をとるか**　この特例の利用は、免税事業者として消費税の申告・納付の免除を受けるか、課税事業者としてインボイスを発行するかを検討して選択する。

最初の年からインボイスを発行できる

免税事業者が開業の年に インボイス制度に登録する場合

本来の手続き

登録申請書 ＋ 消費税課税事業者 選択届出書

↓ 提出

翌年からインボイス発行事業者 （課税事業者）になれる

▲ 開業　　今年　　翌年

開業の年は免税事業者なので、 インボイス発行事業者になれない。

特例

登録申請書　消費税課税事業者 選択届出書  不要 （免税事業者の経過措置による）

↓ 提出

開業日からインボイス発行事業者 （課税事業者）になれる

▲ 開業　　今年　　翌年

簡易課税制度も、開 業年の届け出で開業 日にさかのぼって受 けられます。

インボイスの登録は取り消すことができる

項目の まとめ	インボイス制度への登録は取り消すことができる。ただし、免税事業者に戻るときの制限などに注意する。

翌年からインボイス発行をやめられる

インボイス発行事業者になった後、インボイス制度の登録を取り消すこともできます。たとえば、登録後に事業内容や取引先が変わって、インボイスの発行が不要になるような場合です。

登録取消届出書（適格請求書発行事業者の登録の取消しを求める旨の届出書）を提出することで、翌年からインボイス制度の登録を取り消すことができます。

ただし、インボイス発行事業者でなくなっても、自動的に免税事業者に戻るわけではありません。基準期間の課税売上高1000万円以下などの場合に免税事業者に戻ることができます。また、「消費税課税事業者選択届出書」を提出している場合は、「消費税課税事業者選択不適用届出書」の提出が必要です。

「2年しばり」などを把握しておく

注意したいのは、**免税事業者の経過措置などでインボイス発行事業者（課税事業者）になった場合（個人事業者は令和6年1月以降）、登録から2年間は免税事業者に戻ることはできないことです（2年しばり）。**

また、登録取消届出書の提出がその翌年初日の15日前を過ぎていた場合は、登録の取り消しは翌々年からになってしまいます（右ページ）。

MEMO **登録内容変更の届け出** インボイス制度に登録した内容に変更があった場合（氏名、名称、所在地など）、「適格請求書発行事業者登録簿の登載事項変更届出書」の提出が必要になる。

登録取り消しの届出書と注意ポイント

第3号様式

適格請求書発行事業者の登録の取消しを求める旨の届出書

下記のとおり、適格請求書発行事業者の登録の取消しを求めますので、消費税法第57条の2第10項第1号の規定により届出します。

適格請求書発行事業者の登録の取消しを求める旨の届出書

この届出書の提出により、原則として、提出の翌年から登録が取り消される。

取り消しには十分検討が必要ですね。

登録を取り消すときの注意ポイント

1 登録取り消しが翌々年になる場合あり

届出書の提出が、翌年初日の15日前を過ぎると、取り消しは翌々年からになる＊。

＊届出書の提出期限が「翌課税期間初日から起算して15日前の日」であるため。

2 免税事業者には「2年しばり」あり

インボイスの登録は翌年から取り消せるが、インボイス登録時に、経過措置などで課税事業者になった場合、その後2年間は免税事業者に戻れない＊。

＊登録日が令和5年10月1日の属する課税期間である場合を除く。

相続人が届け出をして 事業を継ぐかどうか決める

項目の まとめ	インボイス発行事業者が亡くなったときは、その旨を相続人が届け出る。一定期間は、亡くなった人の登録番号を使うことができる。

相続人が届け出る

　令和5年10月以降、インボイス発行事業者が亡くなったときは、相続人の手続きが必要です。事業を承継するかどうかにかかわらず、**税務署に「適格請求書発行事業者の死亡届出書」を提出します**。この届け出の翌日に、インボイス発行事業者の登録番号は効力を失います。

事業をどうするか決める

　ただし、相続人などは事業を引き継ぐかどうかによらず、継続してきた取引などを整理しなければなりません。そこで、亡くなってからの一定期間には「みなし登録期間」が設けられています。その事業を相続した人などが、亡くなった人の登録番号を使用できるという措置です。**みなし登録期間は、被相続人が亡くなった日の翌日から原則4か月以内です**。この間に事業の今後についても検討します。

　相続人などが事業を引き継ぐ場合は、インボイス制度の登録申請書を提出、自分の登録番号を取得して、登録番号を変更します。このとき、手続きなどでみなし登録期間を過ぎてしまう場合は、登録番号の通知を受けるまで延長されます。

　なお、インボイス発行事業者が亡くなったときは、そのほかにも準確定申告など、事業に関するさまざまな手続きや届け出が必要になります。

> **MEMO** **4か月以内に「準確定申告」** 相続人は、最後の年の消費税や所得税（法人税）について、課税事業者が亡くなった日の翌日から4か月以内に準確定申告を行う必要がある。

亡くなったときの届出書と「みなし登録期間」

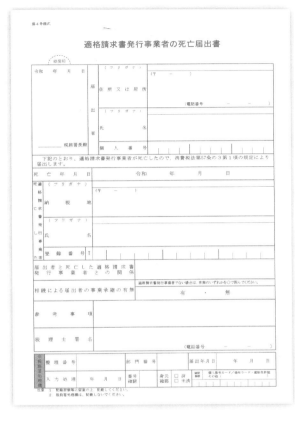

第4号様式

適格請求書発行事業者の死亡届出書

（収受印）				
令和　年　月　日	届出者	（フリガナ）		
		住所又は居所	（〒　－　）	
			電話番号	
		（フリガナ）		
		氏　名		
税務署長殿		個 人 番 号		

下記のとおり、適格請求書発行事業者が死亡したので、消費税法第57条の３第１項の規定により届出します。

死　亡　年　月　日			令和　　年　　月　　日	
死亡した適格請求書発行事業者	納　税　地	（フリガナ）	（〒　－　）	
	氏　名	（フリガナ）		
	登録番号	T		
届出者と死亡した適格請求書発行事業者との関係				
相続による届出者の事業承継の有無			適格請求書発行事業者でない場合は、有無のいずれかを○で囲んでください。　　有 ・ 無	
参　考　事　項				
税 理 士 署 名				
			（電話番号　　　－　　　－　　　）	

税務署整理欄	整 理 番 号		部 門 番 号		届出年月日	年　月　日
	入 力 処 理	年　月　日	番号確認		身元確認	□ 済　□ 未済

注　1　記載要領等に留意の上、記載してください。
　　2　税務署処理欄は、記載しないでください。

パート5　インボイス制度の登録手続きのコツとポイント

適格請求書発行事業者の死亡届出書

インボイス登録事業者が亡くなったら、相続人がすみやかに提出する。

がんばれー

う〜ん　どうしよー

一定期間は、亡くなった人の登録番号でインボイスを発行できる（みなし登録期間）

● 相続開始（被相続人が亡くなった日）の翌日から原則４か月以内。

この間に事業を引き継ぐかどうか決める

● 引き継ぐ場合、「適格請求書発行事業者の登録申請書」を提出して、自分の登録番号を取得する。

2割特例をしっかり活用するための知識

　126ページで解説した「2割特例」は個人事業者などにとって有用な制度ですが、次のようなポイントに注意が必要です。

①利用は年単位。基準期間の課税売上高に注意

　2割特例を利用できるのは、インボイス制度を機にインボイス発行事業者として課税事業者となった免税事業者です。そのため、基準期間（個人事業者は前々年）の課税売上高1000万円超*により課税事業者になる年は対象外です。

　たとえば、令和3年の課税売上高が500万円、令和4年の課税売上高が1100万円という場合、令和5年は2割特例を使えますが、令和6年は使えないことになります。

　また、令和5年10月からインボイス登録した免税事業者は、たとえば令和5年の課税売上高が1〜9月800万円（免税）、10〜12月300万円（課税）という場合、令和5年10〜12月分は2割特例を使えますが、令和7年は基準期間の課税売上高が1000万円超（800万円＋300万円＝1100万円）となるため使えません。

②令和5年9月までに課税事業者になっていると、令和5年は使えない

　令和5年9月までに「消費税課税事業者選択届出書」を提出して既に課税事業者になっている場合、令和5年は2割特例の対象外です（令和6年は基準期間等の判定基準を満たしていれば適用対象）。

　ただし、令和5年中に「消費税課税事業者選択不適用届出書（→40ページ）」を提出することで、令和5年も2割特例を受けられます。

＊その他、特定期間の課税売上高などの判定も含む。

巻末資料

消費税の税区分判定表

取引を帳簿などに記録するとき、税区分（課税／非課税／不課税／免税）の判定が必要です。原則、会計ソフトでは勘定科目により自動的に行われますが、税額にも影響するため、チェックできるようにしておきましょう。

勘定科目	税区分	注意点
売上高		
商品や製品	課税	
店舗や事務所などの家賃収入	課税	
居住用住宅の家賃収入	非課税	
土地の売却代金	非課税	
受取利息	非課税	
受取配当金	不課税	
補助金	不課税	
輸出取引の収入	免税	
仕入高		
商品や製品、材料	課税	免税事業者との取引を区別する
土地の仕入代金	非課税	
輸入取引の支払い	課税	関税は不課税
租税公課	不課税	金券ショップで印紙などの購入は課税
荷造運賃	課税	海外発送は免税

> それぞれの勘定科目で、課税取引は標準税率と軽減税率の区別も必要ね。

注・税区分は一般的な例。内容により異なる場合がある。

水道光熱費	課税	
旅費交通費	課税	海外渡航費や海外の宿泊費、滞在費などは免税
通信費	課税	国際電話や国際郵便などは免税
広告宣伝費	課税	プリペイドカードの購入費などは非課税
接待交際費	課税	取引先への慶弔費や見舞金、餞別などは不課税
損害保険料	非課税	
修繕費	課税	
消耗品費	課税	
減価償却費	不課税	資産の購入時に課税
福利厚生費	課税	従業員への慶弔費や見舞金は不課税、法定福利費などは非課税
給料賃金	不課税	通勤手当は課税
外注工賃	課税	
利子割引料	非課税	
地代家賃	課税（事務所の家賃や共益費、駐車場代）	社宅の家賃、地代、青空駐車場代は非課税
貸倒金	取引発生時の税区分	別途、税額控除の対象
支払手数料	課税	登記、住民票など行政手数料、クレジット手数料は非課税
雑費	支出の内容による	
専従者給与	不課税	通勤手当は課税

「インボイス制度／消費税」 用語集

インボイス制度や消費税を理解する上で、ハードルとなるのが専門的な用語です。欠かすことのできない基本的なものを集めました（50音順）。

一般課税

消費税額の計算で、課税売上の消費税額から課税仕入の消費税額を差し引く方法。原則課税、本則課税。

益税

消費税の納税義務のない免税事業者が、受け取った消費税を売上にできること。インボイス制度以降は、免税事業者との取引は税抜きで行われることが増え、益税は少なくなると思われる。

課税売上

消費税のかかる売上。課税売上に対する消費税額（受け取った消費税額）を「売上税額」という。

課税売上高

課税期間（原則として1年間）の消費税のかかる売上（課税売上）の合計額（免税取引の売上を含む）。課税事業者／免税事業者の判定（1000万円）、簡易課税制度適用の判定（5000万円）、課税売上割合の計算などで使われる。

課税期間

消費税額の計算対象となる期間。個人事業者は1月1日から12月31日までの1年間。会社は事業年度。

課税仕入

消費税のかかる仕入や経費。課税仕入に対する消費税額（支払った消費税額）を「仕入税額」という。

課税取引

国内で行われる消費税のかかる取引。課税売上と課税仕入がある。

課税標準

課税売上の本体価格で、消費税額の計算の基礎となる金額。課税売上の消費税額の計算で使われる。合計額を課税標準額という。

簡易課税（制度）

消費税額の計算を、課税売上の消費税額－（課税売上の消費税額×みなし仕入率）で行う方法。基準期間の課税売上高5000万円以下の事業者が、届け出により選択できる。

基準期間

前々年の1年間（会社は前々事業年度）。この年の課税売上高が1000万円を超えると今年（課税期間）は課税事業者となる。課税事業者は税抜き、免税事業者は税込みで判断する。

区分記載請求書等保存方式

区分記載請求書などにより区分経理を行い、保存すること。課税事業者の仕入税額控除適用の条件（令和5年10月から適格請求書等保存方式に移行）。

区分経理

標準税率と軽減税率を区別して記録する経理の方法。複数税率を適切に記載する区分記載請求書などを使用する。

軽減税率

生活に欠かせない飲食料品などに適用される、軽減された消費税率（8％）。令和元年10月の消費税引き上げ時に設けられた。

仕入税額控除

消費税の計算で、受け取った消費税額（課税売上の消費税額）から支払った消費税額（課税仕入の消費税額）を差し引くこと。令和5年10月からインボイスの発行や保存が適用の条件。

修正インボイス

インボイスに記載ミスや計算間違いがあった場合に再発行されるインボイス。必ずインボイスを発行した側が作成する。

税込経理

帳簿などで、本体価格と消費税を合わせた消費税込みの金額を記録する方法。入力に手間がかからない。

税抜経理

帳簿などで、本体価格と消費税を分けて記録する方法。正確な売上や仕入金額がわかる。

積上げ計算

請求書や帳簿などに記録された消費税額の合計により、消費税額を計算する方法。インボイス発行事業者が選択できる。

適格簡易請求書(簡易インボイス)

受け取る相手の氏名など、一部記載を省略したインボイス。不特定多数の人との取引を行う業種などで認められる。

適格請求書

インボイスのこと。商品やサービスを売る側が、買う側に取引の正しい適用税率や消費税額を伝える書類。請求書のほか、納品書、領収書、レ

シートなど。

適格請求書等保存方式

インボイス制度のこと。令和5年10月から、この方式による経理が仕入税額控除の適用を受ける条件となる。

適格請求書発行事業者（インボイス発行事業者）

インボイスを発行できる事業者。課税事業者が、税務署に登録することでなることができる。

適格請求書発行事業者登録番号

インボイス制度への登録により、事業者ごとに割りふられるＴ＋13ケタの番号（会社はＴ＋法人番号）。インボイスに記載することが必要。

適格返還請求書(返還インボイス)

インボイス発行後に値引きをしたり、返品を受けたりした場合（販売奨励金や報奨金、売上割引など含む）に、変更内容をあきらかにして再発行されるインボイス。

特定期間

前年の1月1日〜6月30日（会社は前事業年度の最初の6か月）。この期間の課税売上高（または給与等支払額の合計）が1000万円を超える場合、今年（課税期間）は課税事業者となる。課税事業者は税抜き、免税事業者は税込みで判断する。

非課税取引

課税取引の条件に当てはまるが、一定の理由により消費税のかからない取引。課税対象としてなじまないとされるもの、社会的な配慮によるものがある。土地の売買や医療・教育にかかわる取引など。課税取引との区別が必要。

標準税率

消費税の基本税率。令和元年10月から10％に引き上げられた。

不課税取引

課税取引の条件に当てはまらない、消費税の対象外である取引。給与や賃金が代表的。課税取引との区別が必要。

免税取引

消費税が免除される取引。輸出取引など。課税取引との区別が必要。

割戻し計算

税込みの取引金額の合計から、税率ごとに本体価格の合計（課税標準額）を割り出して、消費税額を計算する方法。

消費税の税率表

消費税は複数税率となっていますが、さらに税額を計算する際には、
国税と地方税を区別する必要があります。

	標準税率	軽減税率
	10.0% （合計）	**8.0%** （合計）
国税分 （消費税）	**7.8%**	**6.24%**
地方税分 （地方消費税）	**2.2%**	**1.76%**
国税分に 対する割合	$\dfrac{22}{78}$	$\dfrac{22}{78}$

注・令和元年9月までの旧税率8％は、国税分6.3％、地方税分1.7％。

しっかり税率を区別して
計算・申告する。

さくいん

● 監修者

吉田信康（よしだ・のぶやす）
税理士・吉田信康税理士事務所代表

1960年生まれ。早稲田大学商学部卒業。野村證券勤務を経て、1998年税理士登録。吉田信康税理士事務所を開業し、中小企業の税務顧問として税理士業務を行うかたわら、確定申告や証券税制などに関する各種研修講師としても活躍。また、会計ソフト「弥生会計」のセミナーを開催するなど、起業家のためのパソコン会計による帳簿入力指導も精力的に行っている。

◉ 本文デザイン　　有限会社南雲デザイン
◉ イラスト　　　　滝口和
◉ DTP　　　　　　株式会社明昌堂
◉ 編集協力　　　　株式会社オフィス201、横山渉、渡邉郁夫
◉ 企画・編集　　　成美堂出版編集部

本書に関する最新情報は、下記のアドレスで確認することができます。
https://www.seibidoshuppan.co.jp/support/

※上記アドレスに掲載されていない箇所で、正誤についてお気づきの場合は、書名・発行日・質問事項・氏名・住所・FAX番号を明記の上、成美堂出版まで郵送またはFAXでお問い合わせください。電話でのお問い合わせはお受けできません。
※本書の正誤に関するご質問以外にはお答えできません。また、税務相談などは行っておりません。
※内容によっては、ご質問をいただいてから回答を郵送またはFAXで送付するまでにお時間をいただく場合があります。

図解 いちばんやさしく丁寧に書いた インボイスと消費税

2023年10月30日発行

監　修　　吉田信康

発行者　　深見公子

発行所　　成美堂出版
　　　　　〒162-8445　東京都新宿区新小川町1-7
　　　　　電話(03)5206-8151　FAX(03)5206-8159

印　刷　　大盛印刷株式会社

©SEIBIDO SHUPPAN 2023 PRINTED IN JAPAN
ISBN978-4-415-33317-5
落丁・乱丁などの不良本はお取り替えします
定価はカバーに表示してあります

● 本書および本書の付属物を無断で複写、複製（コピー）、引用することは著作権法上での例外を除き禁じられています。また代行業者等の第三者に依頼してスキャンやデジタル化することは、たとえ個人や家庭内の利用であっても一切認められておりません。